Simone Merle Waese

Magische Momente mit der geistigen Welt

1

Meine Zeichen und Erlebnisse mit
Verstorbenen, Krafttieren und Engeln

W0178816

Dein größtes **Defizit** *ist Dein größtes* **Potenzial,**
es ist nur ein **falsch angewandtes Potenzial.** "
Klaus C. Ulbricht

Bibliographische Information der Deutschen Nationalbibliothek
Die Deutsche Nationalbibliothek verzeichnet diese Publikation in der
deutschen Nationalbibliographie; detaillierte bibliographische Daten sind
im Internet über http://dnb.d-nb.de abrufbar.

Autor des Buches: © 2020 Simone Merle Waese

Layout und Satz des Buches: Simone Merle Waese

Korrekturlesen: Diana Merten, Simone Merle Waese

Umschlaggestaltung und Coverbild: Artdesign Osorio

Coverbilder, Bilder und Bildcollagen:
© Simone Merle Waese
© Jana Schuhmann (Wolfskopf von Anastasia Osipova)
© Adobe Stock-vladischern (Engel-Banner)
© Artdesign Osorio (Engel, Flügel, Ornament Schnörkel)

Verlag:
Angelina Schulze Verlag
Vor dem Walde 9, 38268 Lengede

Verlag@angelina-schulze.com
https://angelina-schulze.com
https://angelina-schulze-verlag.de

1. Auflage August 2020

ISBN: 978-3-96738-119-1

Inhaltsverzeichnis

Einleitung

Zu diesem Buch

Dieses Buch schreibe ich nun auf vielfachen Wunsch meiner Freunde und Bekannte aus dem Internet. Schon sehr früh wurde mir bewusst, dass ich in schwierigen Lebenslagen immer auf die Hilfe meiner ENGEL zählen konnte und so auch ZEICHEN von der geistigen Welt oder meinem höheren Bewusstsein als Input erhielt. Für mich war das selbstverständlich.

Aber als ich dann an Freunden und Bekannten bemerkte, dass das keineswegs selbstverständlich zu sein schien und sie mir immer wie gebannt an den Lippen hingen, wenn ich ihnen mal wieder so eine Episode aus meinem Leben erzählte, da wusste ich, dass ich eine besondere Verbindung „nach OBEN" haben musste.

Na klar, gibt es viele Menschen, die genau wie ich so eine enge Verbindung zur geistigen Welt spüren. Bis jetzt habe ich aber noch nie ein derartiges Buch in dieser Art und Weise gelesen.

Angefangen hat eigentlich alles mit einem jungen Mann im Park. Wir unterhielten uns über Gott und die Welt, und als ich ihm erzählte, dass ich ein Buch schreiben will, gähnte er nur müde und sagte: „Wenn du wirklich ein Buch schreiben willst, dann rede nicht nur darüber. Ich habe so viele Freunde, die immer davon sprachen, eines Tages einmal ein Buch schreiben zu wollen und dabei ist es dann auch geblieben. Fang an deine Geschichten aufzuschreiben, und wenn es erst einmal nur für dich ist."

Genau das tat ich ja schon. Aber den Fingerzeig hatte ich verstanden. Weiter ging es später im Esoterik-Forum, in diversen Facebook-Gruppen und meinem eigenen Blog, wo ich einige meiner Geschichten gepostet hatte. Die Resonanz war sehr gut. Eine Frau konnte es meist gar nicht abwarten bis ich weitergeschrieben hatte und ist sogar, wie sie selber schrieb, immer schon in ihrer Mittagspause schnell nach Hause gehüpft, um weiter von meinen Geschichten zu lesen. Ich war beeindruckt und fühlte, dass ich auf dem richtigen Weg war, denn ich hatte anfangs wirklich Zweifel, ob „meine" Geschichten überhaupt irgendwen interessieren könnten. Ich möchte auf diesem Wege nun den Menschen deutlich zeigen, dass sie nicht allein sind und dass es ENGEL wirklich gibt und dass sie auch wirklich zur Stelle sind, wenn wir sie brauchen.

Sie kommen nicht, wenn wir das vielleicht sehnlichst wollen. Aber sie sind garantiert da, wenn wir sie dringend brauchen. Mein Buch soll Euch Mut machen, Euch ebenfalls für die „feinstoffliche" Ebene zu öffnen. Es gibt so viel mehr als nur das was wir anfassen können. Wer es nie versucht, wird es nie erfahren und das wäre wirklich sehr schade. Euch entgeht so viel, wenn Ihr diese große Möglichkeit außer Acht lasst.

Oops, ich rede Euch die ganze Zeit in der Du-Form an. *Ich hoffe das ist unter Gleichgesinnten in Ordnung?* Hier sind wir ja unter uns und mein Buch soll ja auch eher Deine Seele ansprechen, und Seelen kennen kein SIE ;-).

So nun will ich Dich auch gar nicht länger auf die Folter spannen und lege gleich los. Ich widme dieses Buch den Personen in meinem Leben, die mich zu der gemacht haben, die ich heute bin, die mich immer gefördert und unterstützt haben, mich in meinem Leben vorangebracht haben, aber auch denen, die mir stets Steine in den Weg gelegt haben in der Hoffnung, ich würde niederstürzen. Denn gerade sie haben mich gelehrt nach jedem Sturz sofort wieder aufzustehen und meinen ureigenen Weg weiter zu folgen. Ohne diese s.g. „Arsch-Engel" würde es auch dieses Buch nicht geben ;-).

Aber vor allem möchte ich mich bei allen lichtvollen und liebevollen ERZENGELN, ENGELN und Geistführern, aufgestiegenen Meistern, Krafttieren und Helferengeln bedanken, bei meinem verstorbenen Mann, meinen geliebten Ahnen, meinen Eltern und Großeltern, meinem Lebensgefährten Mario, meinen Kindern und Enkelkindern, meinen Freunden und dem jungen Mann aus Sömmerda, der mir Mut gemacht hat, mein Buch zu schreiben und zu veröffentlichen.

In diesem Sinne...
Eure Merle♥

Vorwort

Du bist nicht allein.

Ich nehm´ Dich an die Hand und zeige Dir eine ganz andere Welt. Öffne Dich für eine Welt zwischen Himmel und Erde.

Ich lehre Dich, Deiner Intuition wieder zu vertrauen und zu folgen.

Vor allem aber zeige ich Dir, wie man allmählich lernt, seinen ganz eigenen spirituellen Weg zu gehen und ein selbstbestimmtes Leben zu führen voller Leichtigkeit und Glück.

> **„Wer Augen hat zu sehen, der sehe und**
> **wer Ohren hat zu hören, der höre."**
> Robert Henrich

> **„Das Auge führt den Menschen in die Welt.**
> **Das Ohr führt die Welt in den Menschen."**
> Lorenz Oken

Über die Autorin

Ich bin 1958 als Simone Kerstin Kionke in Görlitz/Sachsen geboren, habe die Realschule ganz gut abgeschlossen, dann eine Lehre zur Stenotypistin/Sekretärin gemacht und zwischendurch noch meinen ersten Sohn geboren. Als Kind autoritärer Eltern habe ich schon früh lernen müssen auf meine Umgebung zu achten und mich anzupassen. Ich fühlte mich wie in einer Blase, **mutterseelenallein, nicht geliebt** und **dressiert** auf **gute Noten und lieb sein.** Meine Mutter war schließlich „Erzieherin" und mein Vater Offizier. Dazu fällt mir ein schöner Ausdruck ein: **„Blinzel leise!"** Schläge gab es zu dieser Zeit auch noch.

Nur nicht auffallen und immer schön in der Spur laufen, Maul halten und am besten unsichtbar sein und die Eltern bloß nicht stören, wenn sie mir ja schon die Gnade erwiesen und mich am Leben erhielten. Man sollte an dieser Stelle aber auch nicht vergessen, dass zur damaligen Zeit Schläge noch mehr oder weniger legitim waren. Als ungeliebtes und ungewolltes Kind war es nicht einfach, die Kindheit unbeschadet zu überstehen. Mein einziges Ziel bestand nur darin, endlich raus und weit weg von zu Hause mein eigenes Leben zu leben.

Ich war ein sehr neugieriges und wissbegieriges Kind. Heute weiß ich, dass das zu meiner Natur gehört, denn ich bin lt. Numerologie eine Siebener Persönlichkeit, die ja u.a. für Wissen und Neugier steht. Leider war das meiner Umwelt eher zu viel. Für die Erwachsenen wirkte ich Neunmalklug und für die Kinder in meinem Alter war ich uninteressant, weil ich nicht spielen, sondern tiefschürfende Gespräche führen wollte. Mich zog es auch immer nur zu den Erwachsenen hin, selten zu Kindern. Im Alter hat sich das Blatt dann komplett gewandelt.

Ich bin Mutter von zwei wundervollen Kindern und drei Enkelkindern, war dreimal verheiratet und lebe heute mit meinem Lebensgefährten Mario zusammen. Nachdem mein dritter Mann, mein Seelengefährte, nach langer Krankheit verstorben war, fiel ich in ein tiefes Loch und von da an beginnt meine eigentliche Geschichte, die Geschichte von meiner Verbindung zur geistigen Welt, zu GOTT, meinen ENGELN, Geistführern, aufgestiegenen Meistern,

Krafttieren. Seit ca. zwanzig Jahren beschäftige ich mich nun mit allen möglichen spirituellen Lehren, Heilsteinen, Runen, absolvierte mehrere Kartenlege-Ausbildungen, von Tarotkarten über Lenormandkarten, Karmakarten usw., Magie, Meditation, verschiedenen Religionslehren, Schamanismus, Numerologie, Onomantie.

Mit vierzig Jahren habe ich mich entschieden ein Feng Shui Studium von der Pike auf zu absolvieren. Nicht nur schnell mal ein Wochenendseminar, sondern wirklich drei volle Jahre bei meinem Großmeister, Dieter Stahl, der selbst auch schon Bücher veröffentlicht hat.

Danach ging es weiter mit meiner Reiki-Ausbildung. Ja, richtig, nicht nur eine schnelle Einweihung und man durfte sich Meister nennen, sondern eine einjährige Ausbildung.

Nach meiner Meister-Einweihung erlernte ich verschiedene Heilweisen, angefangen vom Böten – Besprechen von Krankheiten, Energiearbeit, russischer Heilzahlenmethode, Quantenheilung, Chakrenlehre, Geistheilung, Farblichttherapie, Handauflegen, Aura Soma, Bachblüten, Sanjeevinis – indische Heilgebete, EFT-Klopftechnik.

Ich glaube an GOTT, ENGEL und WUNDER,
an eine höhere Präsenz,
an die Sonne, den Mond und die Sterne,
an die unendliche Kraft von Mutter Natur,
ein Leben nach dem Tod,
an die Kraft der Selbstheilungskräfte und
heute endlich auch an mich :-).

Eure Merle ♥

Widmung

Dieses Buch widme ich

meiner Familie
meinem Lebensgefährten Mario Liebs
meinem verstorbenen Mann Norbert Waese
meinen Freunden und „Arsch-Engeln"
meinen Ahnen, ENGELN, geistigen Führern und Krafttieren
allen Beteiligten, ohne die das Buch nicht zustande gekommen wäre
meiner Kartenlege-Lehrerin Angelina Schulze
meiner Traumdeuter-Lehrerin Elisabeth Große
meinem Feng Shui-Großmeister Dieter Stahl
meiner Reiki-Meisterin Karin Netzke vom Zen-Reiki Ring und...

...last but not least...dem jungen Mann aus Sömmerda ohne den ich wahrscheinlich heute noch nicht meine Geschichten in Buchform verfasst hätte ;-).

1. Mein göttlicher Apfel

ZEICHEN: ENGEL-Symbol

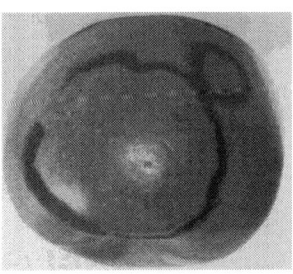

An diesem Tag erhielt ich meine aller erste Ferneinweihung, und zwar in die Engel-Ki-Meister/Lehrer-Energie. Es war ein schönes Erlebnis und bis dahin noch irgendwo nachvollziehbar und je nachdem wie weit jemand ist, auch logisch und verständlich für mich. So weit so gut.

Da ich nun aber mein größter „Zweifler" selbst bin, habe ich eine Frage an das Universum gestellt mit der Bitte in der kommenden Woche auch eine deutliche Antwort darauf zu erhalten.

Die Frage lautete: *„Wenn es wirklich Engel gibt, dann wünsche ich mir nur ein einziges und klitzekleines ZEICHEN ihrer Anwesenheit."*

Zur Vorgeschichte:
In meinem Flur hatte ich schon ca. drei Wochen lang eine Obstschale mit Äpfeln darin stehen. Diese Äpfel schmeckten niemandem von uns. Sie waren mehlig und zu süß. Also wurden sie auch nicht gegessen.

Mein ZEICHEN:
Am nächsten Tag nach der Einweihung dachte ich nicht mehr an die Antwort auf meine Frage, wusste ich doch aus meinen anderen Erfahrungen mit meinen Zeichen, dass die Antwort immer dann kommt, wenn unser Ego ausgeschaltet ist, also wenn wir nicht krampfhaft nach einer Lösung suchen. Vielleicht kennt jemand von Euch die Geschichte/Metapher vom „großen Tor zum Glück".

In dieser geht es darum, dass die meisten Menschen vor diesem großen Tor zum Glück stehen und dass sich ihnen dieses Tor öffnen und Glück bescheren möge. Leider übersehen sie dabei das klitzekleine Tor daneben, welches sich längst geöffnet hat. Wer wirklich bewusst lebt, der übersieht auch dieses kleine Tor nicht. Ich arbeite als Feng Shui und Lebensberaterin und stelle immer wieder fest, dass die meisten Menschen gar nicht wissen, was Glück für sie bedeutet.

Nun weiter mit meiner Geschichte. Am nächsten Tag also störte mich auf einmal die Schale mit den Äpfeln im Flur. Mit anderen Worten meine Energie wurde gezielt auf diese Äpfel gelenkt. Ich dachte mir, dass ich die Äpfel nun wohl wegwerfen könne, da sie eh keiner isst. Sicher würden sie auch schon verschrumpelt oder faulig sein. Als ich nun den ersten Apfel in den Händen hielt, glaubte ich meinen Augen nicht zu trauen.

Mich durchfuhr ein Schauer. Dieser Apfel *(es war auch nur der eine)* hatte ein **eindeutiges ENGEL-Symbol auf seiner Schale**. Es war ein kleiner Kreis *(wie ein Kopf)* und ein großer Kreis darunter *(wie der Rumpf)* bzw. eine **ACHT** darauf zu erkennen.

Für mich gab es keinen Zweifel mehr: Es war mein ZEICHEN, mein ZEICHEN dafür, dass es ENGEL gibt. Nun mag es auch unter Euch einige Zweifler geben, die jetzt sicher sagen, alles Zufall. Für mich jedoch gibt es keine Zufälle mehr und zwar nicht erst seit diesem Erlebnis. Leute, die an diesem Tag zu mir kamen, waren ebenso erstaunt und bekamen Gänsehaut bei dessen Anblick. Der Apfel sah ganz einfach merkwürdig aus, völlig anormal.

Eine andere „ungläubige" Freundin sagte spontan: *„Alles Quatsch, da ist ein Wurm durchgelaufen."* Toll, dachte ich. Aber wenigstens vielleicht eine plausible Erklärung.

Am nächsten Tag wollte eine Reporterin über meine Geschichte schreiben. Sie sagte auch gleich zu mir: *„Schneiden Sie doch den Apfel durch, dann wissen wir genau, ob es ein Wurm gewesen ist."* Das klang logisch, also schnitt ich den Apfel durch. Aber auch hier – nichts, keine Zeichen für eine Fremdeinwirkung von Außen bzw. Innen. Für die noch größeren Kritiker unter Ihnen, selbst wenn ich hier hätte etwas nachhelfen wollen und evtl. mit einem „Branding"

nachgeholfen hätte, wäre die Schale durch die starke Hitzeeinwir-
kung beschädigt worden. Aber dieser Apfel bzw. sein darauf be-
findliches Symbol war total glatt.

Wenn mir jemand anderes darauf eine einfache Erklärung geben
kann, würde ich mich freuen. Allerdings geht es hier um meine
ZEICHEN. Für MICH ist und bleibt es ein ganz persönliches ZEI-
CHEN. Was es für die anderen ist, ist für mich irrelevant. Bei einem **ZEICHEN** ist immer der **allererste Impuls** wichtig. Schon eine Minute später ist nichts mehr wie es war.

Das Ego schaltet sich ein und zerstört die Realität vom Ober-Ich,
also das wofür ich es gehalten habe. Auf mein Ober-Ich habe ich
keinen Einfluss. Es ist einfach da. Es ist mein vorbestimmter Weg.
C.C.Jung nennt es auch das Über-Bewusstsein. Es steht so zu
sagen über den Dingen.

Und nun einige Zeit später... Ich fand durch **Zufall** *(an den ich
nicht mehr glaube)* im Internet auf Werner Neuner´s Seite über Zeichen und Symbole dieses und genau dieses Zeichen, nämlich das
Zeichen „Kler", welches aussieht wie eine **Acht**, oben ein kleiner
Kreis und darunter ein großer dicker. Dieses Zeichen **„Kler"** bedeutet: **>>> S c h u t z e n g e l <<<**

Das ist ein Symbol aus dem Set: *„ZEICHEN der Zeit."*

Weiter steht dazu im Text:

„Kraftsymbol KLER - Schutz und Geborgenheit
Element Luft

Wirkung:
Verwirklichung von Ideen
konkrete und nachhaltige Umsetzung
Offenheit für Hilfe und Unterstützung
Geborgenheit
der Schutzengel

Die Wirkung auf die Matrix:
Das Symbol KLER unterstützt dich bei der realen Umsetzung von Ideen. Das, was du konkret verwirklichst, soll gedeihen und nachhaltigen Erfolg bringen. Weiters eröffnet dir KLER den Zugang zu Hilfe und Unterstützung auf allen Ebenen. Die hilfreichen Kräfte sind durchaus zugegen, sie wollen nur erkannt und eingeladen werden. Dazu bedarf es einer inneren Zustimmung, diese Hilfe konkret anzunehmen. Dieses Symbol schafft einen offenen Raum dafür.

Hilfreiche Kräfte existieren auch auf einer geistigen Ebene, wir bezeichnen sie gerne als „Schutzengel". KLER ladet diese Kräfte ein, sie sollen dich behütend und schützend umgeben."

Quelle: www.meinthema.com/de/kraftsymbole/kler

Na, wenn das kein deutliches Zeichen war, dann weiß ich es auch nicht. Seither gibt es für mich keine Zweifel mehr an der Existenz von hilfreichen Wesen aus einer anderen Seins-Welt. In diesem Sinne...und bleibt immer offen und neugierig für die Dinge zwischen Himmel und Erde.

Ich wünsche Euch ganz viel Licht und Liebe.
Eure Merle

2. ENGEL-Ritual
ENGEL-ZEICHEN -
Pfeil auf Apfel <u>nach</u> meinem ENGEL-Ritual

Ich bekam von einem Feng Shui Kollegen und spirituellen, lieben Freund ein „Glücksmantra" geschickt mit der Bitte, es nach fünf Tagen drei weiteren lieben Menschen weiterzuschicken und natürlich auch mit dem nicht ausgesprochenen Wunsch, diese **MAGIE** nicht zu unterbrechen.

Dieses „**Glücksmantra**" möchte ich als ein einzigartiges **Glücksanziehungs-System** beschreiben und welches mit einem ganz bestimmten „**ENGEL-Ritual**" **aktiviert** wird.

Wenn so ein Glücksmantra einmal angestoßen wird, beginnt eine **kosmische Kraft** pausenlos für uns zu arbeiten.

All die Dinge, die wir uns schon immer gewünscht haben und uns bewusst werden, finden plötzlich den Weg zu uns, und zwar ohne Umschweife *(soll heißen: ohne an den Dingen wieder und wieder zu zweifeln, gewisse Dinge immer und immer wieder zu hinterfragen).*

Da es in esoterischen Kreisen bekannt ist, dass es von Vorteil ist, derartige Glücksmantren nicht zu unterbrechen, bedurfte es auch keines Extrahinweises, zumal ich solche Mantras nicht nur einmal bekam und mir andererseits während meiner ENGEL-KI-Meister/Lehrer-Einweihung derartiges Wissen mit eben dieser Einweihung auch vermittelt wurde.

Für dieses Ritual benötigte ich u.a. für die Begrüßung meiner EN-GEL auch einige Utensilien, welche ich spontan begann zusammen zu suchen. Ich hatte sofort ein gutes und warmes Gefühl und spürte von diesem Moment an als ich das Mantra durchzulesen begann, so etwas wie ein Hochgefühl. Ich kann nicht genau beschreiben, was auf einmal in mir zu arbeiten begann. Als Erstes kullerten bei mir die Tränen nur so hinunter.

Ich bekam eine Gänsehaut nach der anderen, so wie wenn bei einer Reiki-Einweihung die Chakras gleichzeitig geöffnet würden oder so wie bei einer Chakra-Reinigung die Chakras erst einmal in Wallung gebracht werden und sich die Blockaden beginnen zu lösen, damit die Selbstheilungskräfte wieder aktiv werden können. Es war also ein wunderschönes, wenn auch erst einmal eher verwirrendes Gefühl. Auf einmal erschien mir alles viel klarer und in einem ganz anderen Licht. Ich wusste auf einmal sofort was ich zu tun hatte.

Dazu muss ich vielleicht erwähnen, dass ich mich zu diesem Zeitpunkt in meinem Leben wieder an einer so genannten Weggabelung befand. Ich hatte mein Feng Shui Meister-Studium erfolgreich beendet sowie einige kleinere Ausbildungen, wie die MAGIE und Macht der SYMBOLE, Sanjeevini-Herstellung *(Sanjeevini sind s.g. Heilgebete aus Indien)*, Arbeit mit den Runen, die richtige Handhabung eines Pendels, Energiearbeit mit Kristallen und Energiekarten, Tarotkarten/Lenormandkarten-Ausbildung usw.

Mein Studium zur anerkannten Kartenlegerin dauert seit zwei Jahren immer noch an. Auch meine spirituelle Weiterentwicklung nahm einen großen Teil meiner Zeit in Anspruch. Nun stand ich also wieder da mit meinem ganzen angehäuften Wissen, probierte aus, bildete mich in Detailfragen wieder weiter. Aber wusste nicht genau, womit ich nun aktiv werden sollte.

Zu dieser Zeit erhielt ich nun also dieses Glücksmantra. Was soll ich sagen, es kam mal wieder zum **richtigen Zeitpunkt**. Das hat mich wohl auch sehr beeindruckt. Wissen wir Menschen, die auf der Suche nach dem Sinn des Lebens sind auch ganz genau, dass es keine Zufälle als solche mehr gibt, sondern alles genau so kommt, wie es kommen muss bzw. wir unser KARMA auch genau dahin ausgerichtet haben wie wir gelebt haben. Soll heißen, dass wir selbst für unser Schicksal verantwortlich sind, denn wir und kein anderer sind es, die sich dieses Leben „erträumt" haben. So würde es wohl ein Schamane richtigerweise auszudrücken versuchen.

Als ich nun in diesem ENGEL-Ritual meine einmalige Chance klar erkannte, mir also „bewusst" wurde, was mir in diesem Moment zu Teil wurde, hörten alle Zweifel auf und ich wusste spontan, dass ich loslassen musste und dann erst wieder alles von alleine in den Fluss kommen würde. Ich wusste zwar noch nicht genau wie. Aber ich wusste auf einmal sehr deutlich, dass es sich fügen würde. Ich müsse nur achtsam in **dieser Zeit** auf **meine ZEICHEN** achten.

Mit dieser Zeit ist die **Zeit** des **RITUALS** gemeint, also ganz explizit die **Zeit,** in der die **ENGEL mich** und **mein Umfeld** *clearen* und **negative Schwingungen** in *positive wandeln.*

Man könnte auch so sagen: Die ENGEL stellen so zu sagen die **UR-Energie** wieder her, löschen unseren negativen Cash, damit wir noch einmal ganz von vorne beginnen können. Allerdings nun mit der **Bewusstheit,** dass es unsere große Chance ist, von diesem Zeitpunkt an, das Ruder in die Hand zu nehmen und die Dinge zu unseren Gunsten zu verändern.

Wir wissen nun, was wir **vor** dieser Zeit falsch gemacht haben. Wir können nun negatives KARMA ausgleichen, auflösen, ja sogar Karma verändern, und zwar so dass auf der HABEN-Seite ein Plus steht, wenn Ihr versteht was ich meine.

<u>ACHTUNG:</u> Das **Schlüsselwort** ist hier „Bewusstheit".

Ich versuche es einmal etwas einfacher zu erklären: Wenn sich z.B. ein Kind an einem Ofen einmal verbrannt hat, wird es diesen Fehler, der bis dahin ohnehin noch kein Fehler als solcher war, sondern eher eine **(lebens-)notwendige Erfahrung,** in Zukunft diese **negative** Erfahrung <u>kein</u> **zweites Mal bewusst machen.** Und genau so verhält es sich mit unseren Erfahrungen.

Wir sollen wach werden – aufwachen, unsere Umwelt und was mit uns geschieht bewusst miterleben, mitgestalten. Von genau diesem Augenblick an, und ich kann es nicht oft genug betonen, ticken die Uhren wieder ganz normal für uns, wenn wir uns für die Bewusstheit entscheiden, von nun an also die richtigen Prioritäten setzen. In dieser Zeit – diesen fünf Tagen – haben wir die Möglichkeit der Kontemplation.

Soll heißen: wir sollen in uns gehen, inne halten und herausfinden, was bis dato entweder schief gelaufen oder nicht so gerade gelaufen ist. Diese Tage sind dafür da, um uns zu sammeln, unsere **wahren Herzens-Wünsche** zu hinterfragen, denn zu diesem Ritual gehören auch die berühmten **DREI Wünsche,** welche von den ENGELN erfüllt werden. Und genau das ist der **schwierigste Teil dieses Rituals.**

Probiere es einfach einmal aus. Nimm Dir ein wenig Zeit und Ruhe und überlege Dir, wenn Du DREI Herzens-Wünsche frei hättest, welche das wären. Du wirst sehen, dass Dir spontan gar keine DREI Wünsche einfallen, weil es entweder immer mehr sind und Du Dich für keine **DREI** entscheiden kannst oder aber Dir die **Wichtigkeit** oder **Qualität** der Wünsche ein Rätsel aufgeben werden.

Zu meinen Wünschen hätte früher bestimmt **Gesundheit** und **Wohlstand** gezählt. Diese beiden Wünsche standen diesmal jedoch **nicht** auf meinem Wunschzettel. Ja, Du hast richtig gehört. Dafür gibt es auch einen ganz bestimmten Grund, schließlich wünsche ich mir auch – wie jeder andere normale Mensch - Gesundheit und genügend Geld, um mir meine Wünsche zu erfüllen.

*Aber wusstest Du auch, indem Du Dir wünscht, mehr Geld zu besitzen, hinter diesem Wunsch ein **MANGEL**-Gedanke steckt ? Und wusstest Du auch, dass wenn wir Mangel erleben, denken, spüren, auch genau diesen anziehen?*

Das universelle Gesetz der Anziehung verfehlt auch hier seine Wirkung nicht. Das was Du denkst wird Dein Schicksal bestimmen. Sicher kennen einige unter Euch diesen weisen Spruch: *„Achte auf Deine **Gedanken**, denn sie werden Deine **Worte**. Achte auf Deine **Worte**, denn sie werden Deine **Taten**. Achte auf Deine **Taten**, denn sie werden zur **Gewohnheit**. Achte auf Deine **Gewohnheiten**, denn sie werden Dein **Charakter**. Achte auf Deinen **Charakter**, denn er wird Dein **Schicksal**! (Verfasser leider unbekannt)*

Ist Dir aufgefallen, dass auch hier wieder ein ganz bestimmtes Wort hervortritt?

Richtig, es geht um eine Metapher, das Wort ACHTEN." Also auch nichts anderes als bewusst auf die Dinge zu achten oder noch besser auf die Dinge hinter den Dingen zu achten. Wenn ich mir nun also Gesundheit gewünscht hätte, hätten sich meine Beschwerden vielleicht erst einmal verstärkt, um mir damit zu zeigen, dass ich nicht an meine Gesundheit glaube. Und an was ich nicht glaube, das kann auch nicht geschehen. Ich selbst bin mein eigener Meister.

Gern verwende ich an dieser Stelle eine andere Metapher: Stelle Dir vor, Du sitzt in einem Ruderboot und Du lässt Dich treiben - geradeaus auf einem See - in Richtung Deines Schicksals.

Stelle Dir weiter vor, am anderen Ende befände sich Dein Schicksal. Du ruderst und ruderst und kommst manchmal nicht voran, weil Dir zu hohe Wellen entgegen schlagen oder andere Unwegsamkeiten im Weg stehen. Einige kippen sogar um. Und ganz andere wieder gehen sogar dabei unter.

*Was spricht denn in so einer Situation dagegen, nun einfach das Ruder in die Hand zu nehmen und in eine **andere Richtung** zu steuern ?* Es ist vielleicht ein Umweg. Der Weg ist vielleicht ein bisschen weiter. Aber Du kommst sicher an Dein Ziel. *Was wirst Du nun tun?*

Einige denken nun vielleicht, das ist aber ein Widerspruch zu den spirituellen bzw. universellen Gesetzen, denn unserem Schicksal können wir uns nicht entziehen. Das stimmt auch.

Aber den **Weg dahin bestimmen wir selbst.** Aus diesem Grunde heißt es ja auch, dass jeder **seinen Weg** gehen bzw. finden muss. Und für diejenigen unter Euch, die gern schneller an ihr Ziel gelangen möchten als für sie und ihre Entwicklung nötig ist, sei eins noch gesagt: Am Ende steht der Tod - unausweichlich! Leben heißt auch: gern leben und nicht irgendwo ankommen.

Wenn wir am Ziel sind und nichts mehr lernen müssen/wollen, haben wir unser Leben in diesem Leben vollendet - so oder so. Dann beginnt der Kreislauf des Lebens von vorn. Aber der Tod ist nichts weshalb wir uns fürchten müssten. Es ist nur ein Übergang. Das Leben ist unendlich und die Erde ist das „eigentliche" Paradies. und vergesst nicht ENGEL freuen sich besonders über kreative, romantisch verspielte und glitzernde Gegenstände :-).

*ENGEL-ZEICHEN: Pfeil auf Apfel nach meinem ENGEL-Ritual

Vor einiger Zeit habe ich ein **ENGEL-Ritual** gemacht und in diesem Zusammenhang mein nächstes sichtbares Symbol erkannt, **ähnlich** wie bei meinem „**ENGEL-Apfel**", nur dass diesmal deutlich ein **Pfeil** auf **meinem Apfel** zu sehen war, und zwar ein **Pfeil nach <u>unten</u>**.

Das war für mich ein ZEICHEN dafür, dass ich mich mal wieder „**erden**" sollte, was natürlich auch wieder total auf mich und diese Zeit zutraf. Da ich mich **ständig weiterbilde** und am **Studieren** der magischen Symbole und Zahlen bin, hatte ich mal wieder viel zu viel Zeit am PC verbracht und mich dabei total vergessen. Also sagte ich: DANKE, für dieses deutliche ZEICHEN.

Alles Liebe
Eure Merle ♥

3. Die Weiße Rose und der Tod meines Vaters

Ich habe heute eine eher traurige Geschichte für Euch. Ein Beispiel aus einer Gruppe erinnerte mich wieder daran. Als mein Vater starb bin ich genau in diesem Moment mit meinem Hund gassi gegangen. Eigentlich wollte ich gar nicht raus. Es war ein nasskalter Septembermorgen, der Raureif lag noch auf den Straßen. Aber meine Mutter wollte unbedingt raus. Sie war zum damaligen Zeitpunkt bei mir und wir wollten am nächsten Tag meinen Vater bei der Reha in den alten Bundesländern besuchen. Wie dem auch sei. Wir gingen also los. Plötzlich wurde mir richtig schlecht, schwindlig und ich wollte nur noch nach Hause. In dem Moment erblickte ich im Gras eine "Weiße Rose" welche ich auch aufgehoben habe. Das Merkwürdige an dieser Rose war, dass sie aussah wie gerade eben frisch geschnitten und da extra für mich abgelegt. Dazu kommt auch noch, dass ich "eigentlich" nicht unbedingt jemand bin, der alles aufheben und mitnehmen muss. Genau in dem Moment als ich die Rose in mein Revers meiner Jacke steckte wurde sie braun und verwelkte.

Mir ging ein Schauer durch den Körper. Ich wollte also nur noch heim. Um den Nachhauseweg etwas abzukürzen sind wir dann von hinten durch die Gärten gegangen und mir fiel dann noch ein, dass ich doch noch meine Wäsche von der Spinne nehmen müsste, trocknen würde sie eh nicht mehr bei dem nasskalten Wetter.

Meine Mutter war inzwischen schon in die Wohnung gegangen. Und wieder, genau in dem Moment als ich meinen Wäschekorb hielt und auf unsere einzelnen kleinen Gartenparzellen schaute, sah ich diese Gärten plötzlich alle aus einer Vogelperspektive - also alle ganz klein wie Schachteln. Da wusste ich, dass etwas passiert sein musste.

Ich öffnete dann mit mulmigem Gefühl die Wohnungstür und sah schon meine Mutter versteinert am Telefon stehen und wusste instinktiv auch sofort, dass mein Vater vor ein paar Minuten verstorben sein musste. Genau das bestätigte ihr auch das Krankenhauspersonal.

Aber es kommt noch heftiger. Später bin ich dann nochmal den ganzen Weg abgegangen und konnte so den „genauen" Todeszeitpunkt meines Vaters benennen, nämlich genau in dem Moment als ich die weiße Rose aufgehoben und in meine Jacke gesteckt hatte.

Die Rose habe ich noch, fein säuberlich in einem Schächtelchen aufbewahrt. Später, als ich meinen Vater dann mit weißen Rosen in Verbindung brachte, wollte ich ihm einen weißen Rosenstock in meinem Garten zur Erinnerung pflanzen. Dieser ging schon nach drei Tagen ein.

Wisst Ihr auch warum?

Ich hatte meinem Vater damals noch nicht vom Herzen vergeben können. Vom Kopf her schon, aber das war nur eine leere Worthülse und somit keine echte Vergebung. Erst ein Jahr später als ich dann richtig vergeben und vergessen konnte und eine neue weiße Rose pflanzte wuchs diese auch an und blühte auch wunderschön.

Da wusste ich mit 100%iger Sicherheit, dass mein Vater endlich ins Licht gegangen war. Auf diese Weise konnte er mir zeigen, dass alles gut ist.

In diesem Sinne...
Eure Merle ♥

4. Irmchen´s Tod
Kette v. Irmchen und Irmchen als Vogel

Zwei ZEICHEN

Zur **Vorgeschichte** und damit man besser die Iintergründe verstehen kann:

Ich bin keine Schmuckträgerin, aus welchen Gründen auch immer. Ich weiß nicht warum. Es ist mir halt nicht so wichtig oder ich bin einfach nicht so eitel. Nur manchmal, wenn ich große Lust habe, mache ich eine Kette um oder trage mal einen ganz kleinen Ring am Finger. Nun gut. Also nochmal: Ich bin keine Schmuckträgerin und Schmuck ist mir nicht wichtig!

Als ich als Leiterin von einer Privatschule arbeitete und mich u.a. auch um verschiedene Dozenten aus den Altbundesländern zu kümmern hatte, bekam ich eines Tages zum Abschied von einer sehr netten Ehefrau eines älteren Dozenten für meine liebevollen Bemühungen und Fürsorge, wie sie sagte, einen wunderschönen **„Ketten-Anhänger"** geschenkt. Zu diesem Zeitpunkt wusste ich noch nicht, dass dieser sehr wertvoll und aus Weißgold war. Ich hatte ja keine Ahnung. Leider erkennt man auf dem Foto auch die drei kleinen Brillis nicht so gut.

Meine Schwiegermutter war eine „feine Frau", ging immer sehr modisch und adrett gekleidet und trug gerne auch Schmuck. Als sie eines Tages zu Besuch kam und diesen wundervollen weißgoldenen Anhänger an einem wohl eher für sie „billigen" Silberkettchen an mir sah, meinte sie nur: *„Das kannst du doch nicht machen. Das ist Stilbruch. An einen weiß goldenen Anhänger gehört auch eine weiß goldene Kette."*

Darauf erwiderte ich ihr nur lieb und eher naiv und unbewusst: *„O.k., wenn du mir dazu auch das Weißgold-Geld gibst. Ach, Irmchen, das ist für mich doch nicht so wichtig."* Darauf antwortete sie: *„Na, dann bekommst du von mir zu Weihnachten dieses weiß goldene Kettchen geschenkt."* Sie verstand zum damaligen Zeitpunkt gar nicht, dass es mir darauf gar nicht ankam. Aber sie war eine ganz liebe und wollte mir wohl was Gutes tun. Und so war ich einverstanden.

Dazu muss ich noch sagen, dass wir zu diesem Zeitpunkt **vier Kinder** hatten - meine zwei Kinder und die beiden Jungs von meinem damaligen Mann, die oft bei uns waren und für die wir natürlich auch Unterhalt gezahlt haben, so dass ich auch nicht viel Geld für solche „Schnerzchen" übrig gehabt hätte.

Aus diesem Grunde hätte ich mir auch nie, nur mal eben so und ohne triftigen Grund soviel Geld für eine Kette mitten im Jahr und ohne Anlass *(Weihnachtsgeschenk oder Geburtstagsgeschenk)* gekauft! Ich sagte das auch nicht, um dieses Kettchen von ihr zu bekommen. Das ist mir eher nur so spontan herausgerutscht.

Und nun zur eigentlichen Geschichte: Meiner Schwiegermutter ging es nicht gut. Sie lag wegen Herzbeschwerden im Krankenhaus und musste operiert werden. Eine Woche vorher waren wir sie im Krankenhaus besuchen. Ich nahm ihr zur Aufmunterung meine kleine Porzellan-Babypuppe *„Das kribbelnde Vergnügen"* *(Sammler-Puppe mit **kleiner Raupe** auf dem Ärmchen)* mit ins Krankenhaus. Es ist erwiesen, dass Menschen, die in ein Babygesicht´chen schauen, sich sofort entspannen und es ihnen auch sofort besser geht. So ein Baby ist gut fürs Herz, war meine spontane Idee.

An diesem besagten Tag im August, der **sehr heiß** war, hatte ich mich mit einer Freundin ausgerechnet zu einer Shoppingtour verabredet. Sie wollte, dass ich sie in Modefragen berate. Normalerweise verkrieche ich mich in den Schatten wenn es so warm ist. Aber ich hatte es ihr nun mal versprochen, also riss ich mich zusammen und ging mit.
Der Morgen war perfekt. Die Sonne schien heller als sonst und mir ging es wider Erwarten gut. Wir gingen also in die Stadt und wollten für sie etwas Schönes kaufen. In der Stadt angekommen und aus einem mir bis heute völlig unverständlichen Grund *(das weiß ich heute)*, sagte ich zu meiner Freundin plötzlich und völlig unvermittelt: *„Geh´ du schon mal in dieses eine Geschäft. Ich muss schnell mal in ein anderes. Dann können wir loslegen."*

Es klingt für mich immer noch eher surreal als real. Schon alleine der Wortlaut – geh du in DIESES Geschäft. Ich geh in ein anderes. Ich hätte das Geschäft doch benennen können. War schon komisch, glaubt mir. Irgendwie schien ich ab diesem Moment auf Autopilot umgeschaltet zu haben.

Ich ging, wie fremdgesteuert, in ein **„Juwelier"**-Geschäft, das auch noch dazu in einer **kleinen Neben-Straße** lag - also **nicht mal** ein **Geschäft**, was **auf unserem Weg** gelegen hätte und wo mir hätte diese blödsinnige Idee gekommen sein können, mir **mal eben schnell** eine **teure Kette zu kaufen,** zumal ich **nicht einmal Geld dabei gehabt hatte**, weil ich den Tag zuvor schon Etliches ausgegeben hatte.

Bitte vergesst auch nicht, dass mir Schmuck wirklich nicht viel bedeutet und Schmuckshopping also eher nicht auf meiner Agenda steht. Natürlich hatte ich aber meine Geldkarte für gewisse Eventualitäten immer dabei. Das war mir aber in diesem Moment gar nicht bewusst. Ich wollte mich einfach vor unüberlegten Einkäufen selber schützen, deshalb nahm ich auch kein Geld mit.

Ich war also in diesem Juweliergeschäft und schon kommt die zweite paradoxe Handlungsweise. Wer mich kennt weiß auch, dass ich bei derart wertvollen Dingen immer sehr genau hinschaue und auswähle. Im **Normalfall** hätte ich wohl auch den **Anhänger mitgenommen** um zu sehen, dass die dann gekaufte Kette auch dazu passt. Dieses Mal war eben alles ganz anders ;-).

Ich **stürmte** *(besser kann man es nicht beschreiben)* also das Geschäft, sagte dem Verkäufer kurz und knackig, dass ich gerne eine **Weißgoldkette** hätte.

Dann griff ich die „**ERSTBESTE**" *(Wie könnte es jetzt auch anders sein: die „ALLERSCHÖNSTE", da bin ich stilsicher als Frau ;-))* und bezahlte ohne Umschweife mit meiner Geld-Karte. Ich dachte nicht einmal darüber nach, dass ich ja eigentlich gar kein Geld einstecken hatte. Dass ich die Geldkarte dabei hatte, war mir ja auch gar nicht bewusst. Als ich mich später daran erinnerte, konnte ich nur noch mit dem Kopf schütteln. Es war eben alles so unwirklich, so surreal. Ich kann es gar nicht oft genug erwähnen, eben wie aus einem billigen Groschenroman.

Als nächste unlogische Folgehandlung steckte ich die **wertvolle Kette** einfach in meine **Jacken**tasche. Also **nicht einmal sorgfältig** in die **Handtasche**. Kein „normaler" Mensch hätte das gemacht, es sei denn, er arbeitet an seiner zweiten Mille und der Betrag wäre Peanuts für ihn gewesen und nix Besonderes. Es sollte aber noch besser kommen.

Ich kam also aus dem Geschäft heraus und wollte zu meiner Freundin gehen, da ging es mir urplötzlich so schlecht, dass ich glaubte in Ohnmacht zu fallen. Mir wurde mit einem Mal schwindlig und speiübel. Aber nicht wegen des Kaufes, sondern aus einem bis dahin mir noch nicht erschließendem Grund. Ich muss mich wohl auch dermaßen verfärbt haben, dass es auch sogleich meiner Freundin aufgefallen war.

Wir mussten jetzt sogar unsere Shoppingtour abbrechen, so schlecht ging es mir mit einem Mal. Meine Freundin brachte mich nach Hause. Sie kochte mir noch einen Tee und fuhr dann auch gleich wieder nach Hause. Wir wollten zu einem späteren Zeitpunkt unsere Shoppingtour fortsetzen.

Als ich endlich wieder zu Hause war und mich ein wenig erholt hatte, nahm ich dann auch gleich meine Kette aus meiner Jackentasche und mir wurde just in dem Moment mehr oder weniger bewusst, was ich da eigentlich gekauft hatte. Es schien als würde ich in diesem Moment wieder aufwachen aus diesem Alptraum.

In **genau diesem Moment** als ich mir die **Kette genauer betrachtete**, klingelte das Telefon und mein Mann überbrachte mir die traurige Nachricht, dass **seine Mutter vor einer halben Stunde** *(genau als ich die Kette gekauft hatte)* **verstorben** sei. Ich stand da wie gelähmt, starrte nur auf die Kette in meiner Hand. Erst jetzt begriff ich mehr und mehr. Das war ein ZEICHEN ! Ein deutliches ZEICHEN! MEIN ZEICHEN!

Meine Schwiegermutter spürte wohl, dass sie nicht mehr lange zu leben hatte und so brachte sie mich wohl in diese Energie, mir diese Kette selbst zu kaufen. Das war wohl ihr sehnlichster

Wunsch und hatte ihr wohl keine Ruhe gelassen. Sie wusste ganz genau, dass ich mir diese Kette sonst niemals selbst gekauft hätte.

Warum, war das ihr letzter Wille, fragte ich mich später immer wieder?

Ich konnte es mir dann nur so erklären, dass ich die ganze Zeit in Gedanken bei ihr war, weil ich mir um sie große Sorgen machte. So konnte sie auch gleichzeitig leicht bei mir sein und so verbanden sich unsere Energien. Ich weiß es noch wie heute, es geschah an einem Freitag Mittag. Am Wochenende wollten wir sie wieder besuchen fahren. Aber es sollte noch besser kommen.

Mein Mann kam dann auch wenig später von seiner Arbeit nach Hause. Er hatte mein *„Kribbelndes Vergnügen"* im Arm. Zuvor war er im Krankenhaus, doch leider kam er zu spät. Wir schwiegen uns nur an und konnten beide nicht weinen.

Wir setzten uns dann so gegen Mittag auf unseren Balkon und starrten in unserem Schock nur so vor uns hin. Ich starrte die ganze Zeit einen **kleinen Vogel** *(ich glaube, es war ein Hausrotschwänzchen)* an, der auf einer Freileitung genau gegenüber unserem Balkon saß. Es war mittlerweile ungefähr 18:00 oder 19:00 Uhr. solange saßen wir nur da und starrten mit leerem Blick hinaus. **Die ganze Zeit** saß auch dieser kleine **Vogel** auf dieser Freileitung.

Das ist schon sehr ungewöhnlich. *Oder hat schon mal jemand von Euch **über Stunden** irgendeinen Vogel irgendwo sitzen gesehen?* Ich nicht.

Als ich diesen Vogel irgendwann dann bewusst wahrgenommen hatte, fiel mir auf, dass dieser kleine Vogel keine gewöhnlichen Augen zu haben schien. Zumindest bildete ich mir das ein. Seine Augen sahen irgendwie so „menschlich" aus. Sorry, ich lebe zwar wieder im Hier und Jetzt, aber ich kann es wirklich nicht anders beschreiben. Es war einfach merkwürdig, wie uns dieser kleine Vogel über Stunden anblickte, was ja alleine schon sehr ungewöhnlich für einen Vogel ist. Er saß verkehrt herum auf dieser Leitung, also mit dem Hinterteil in unsere Richtung, aber den Kopf auch nach hinten, auf uns gerichtet. Es schien, als schaue er uns auch genau so an.

Als ich das bemerkte, machte ich meinen Mann darauf aufmerksam. Unsere Starre löste sich allmählich wieder. Wir begannen langsam los zu lassen. Wir weinten eine ganze Zeit und sprachen über unser Irmchen und dass sie es im Himmel nun besser haben würde, sie müsse nun keine Schmerzen mehr erleiden.

Unsere Mägen meldeten sich nun auch zu Wort. Ich hatte seit dem Frühstück nichts mehr im Bauch. Ich holte uns erst einmal einen Kognak, um uns wieder etwas zu beruhigen. Als wir so weinten und über Irmchen redeten, plusterte sich auf einmal dieser wunderschöne Vogel mächtig auf. Es schien fast so, als wollte er noch ein letztes Mal auf sich aufmerksam machen. Er drehte sich nun herum und schlug wie wild mit seinen Flügelchen, als ich auf einmal vor meinem geistigen Auge erkannte: **Das war sie**; das war **Irmchen´s Seele.**

Erst jetzt, als wir losgelassen hatten und sie nun wusste, dass es uns wieder besser ging und wir sie nun gehen lassen können, kann auch sie ihren Frieden finden und flog ins Licht. Vielleicht wollte sie auch nur nachschauen, ob ich die Kette auch wirklich gekauft hatte. Nein, nein – das war nur Spaß. Sie wusste es ja :-).

Von da an glaube ich an ZEICHEN und WUNDER.

Selbst mein damaliger Mann, der totaler Realist war, konnte sich meiner Erklärung nicht entziehen und hatte in diesem Moment genau dasselbe wie ich empfunden, und das will schon was heißen :-). Auch er stand diesen Dingen zwischen Himmel und Erde nun nicht mehr so skeptisch gegenüber. Aber es geht immer noch weiter. **Einige Jahre später verstarb mein geliebter Mann und Seelengefährte.**

Sein jüngerer Sohn hing sehr an seinem Vater. Auch seine beiden Söhne kannten unsere Geschichte von Irmchen als Vögelchen, aber sie lächelten damals wohl eher etwas müde darüber. Als wir nun nach der Beerdigung meines Mannes zu seinem Grab schritten, hakten sich seine beiden Jungs bei mir ein.

Es war an diesem **15.12. im Jahre 2000 - bitterkalt** *(15°C).* Der jüngere Sohn meines verstorbenen Mannes weinte zum Gott erbarmen und konnte sich gar nicht richtig beruhigen. Als wir dann zur Grabstelle kamen saß da auf einem Baum wieder **dieser Vo-gel** und zwitscherte uns sein schönstes Liedchen.

Woran ich erkannte, dass es derselbe war? Richtig, an seinen Augen :-).

Ich bemerkte das wohl, zumal es mehr als ungewöhnlich war, dass sich ein kleiner Vogel bei dieser Kälte hierher verirrt hatte und dann auch noch sang. Was für mich aber viel schöner war ist die Tatsache, dass mich auf einmal beide Söhne strahlend anblickten und dann hinauf auf den Baum zeigten. Wir brauchten alle keine Worte. So traurig der Umstand auch war. Aber Irmchen, das kleine Hausrotschwänzchen hatte uns in dem Moment wirklich ein wenig die Trauer nehmen können.

Es war so als wüssten wir von dem Moment an, dass es kein wirkliches Ende gibt, nur einen Übergang. Der jüngere Sohn meines verstorbenen Mannes sagte strahlend leise zu mir: *„Das ist Irmchen (Oma), nicht wahr?* Da wusste ich auch ohne Worte, dass auch sie nun wissen, dass sie jetzt auch loslassen müssen, damit die Seele ihres Papas beruhigt aufsteigen kann, und was noch viel wichtiger war, dass sie wussten, dass ihr Papa nicht wirklich tot ist, sondern immer bei ihnen sein wird, und dass er nur einen anderen „Seinszustand" angenommen hatte, auch wenn seine menschlichen Überreste nun begraben wurden.

Erst jetzt glaubten sie auch an die Geschichte von ihrer Oma, die sich nun als ihr Krafttier in Form eines Hausrotschwänzchens gezeigt hatte. Der jüngere Sohn weinte nun nicht mehr. Er war irgendwie beruhigt und konnte in Frieden loslassen.

Das war eines meiner schönsten und berührendsten ZEICHEN bzw. Momente, die ich in meinem Leben so bewusst mit erleben durfte, natürlich die Geburt meiner Kinder und Enkelkinder ausgenommen.

Nachsatz:
Ich wünsche jeder kleinen Seele, dass sie die Kraft besitzen möge, auch ihren Angehörigen diese Message so nachhaltig zu vermitteln, damit auch sie ein „vollkommeneres" Bild von der wirklichen

SEELE des Menschen bekommen und von nun an ihr Leben be-
wusster gestalten und erleben können.

In diesem Sinne...
Eure Merle ♥

5. Wolken-ENGEL – Erzengel Raphael
nach der Beerdigung des Schwiegervaters
meiner Freundin Inge

Zur **Vorgeschichte:**

Ich sollte wegen einer Beerdigung für eine gute Bekannte den Enkelsohn beaufsichtigen. Da dieses Kind sehr schwierig sein sollte – wie sie mir sagte – und wohl nicht gern zu anderen Personen geht, habe ich sicherheitshalber am Vorabend Fern-Reiki in die Situation geschickt. Der Tag war einfach göttlich und es sollte alles ganz anders kommen wie im Vorfeld gedacht. Meine Bekannte sagte mir, der Junge schläft mindestens drei Stunden und ich bräuchte mir keine Gedanken zu machen.

Die Eltern des kleinen Jungen waren noch ein Weilchen länger da als meine Bekannte und waren auch ein wenig besorgt, was ja auch völlig in Ordnung ist. Der Junge schlief *(sollte)* eine Treppe höher in Omas Bett und die Eltern sorgten sich wegen der Treppe, für den Fall, dass er alleine aufstehen sollte.

Daraufhin erklärte ich ihnen, dass Kinder einen „eingepflanzten" Schutzengel haben und niemals die Treppe herunterfallen, wenn ihnen die Eltern dieses „unsichere" Gefühl vorher nicht vermitteln würden, so nach dem Motto: *Pass´auf, du könntest die Treppe herunterfallen* und dann passiert es auch. Den Eltern riet ich dann noch,an diesem besonderen Tag unbedingt auf bestimmte «ZEICHEN» zu achten.

Der Junge schlief diesen Tag „natürlich" nicht, was auch nicht weiter schlimm war. Ich kam gut mit ihm zurecht. Ich brachte ihm ein paar kleine Autos und eine kleine Engel-Weihnachtsgeschichte mit, womit ich sein Herz gleich erobert hatte. Diese Geschichte musste ich gleich dreimal vorlesen.
Auf einmal sagte er: *„Weißt du was Tante, ich würde auch so gerne mal so einen schönen Engel haben wie du hast"* und zeigte dabei auf meinen kleinen Schutzengel an meiner Handtasche. Den konnte ich ihm zwar nicht geben. Aber ich hatte ja immer einen kleinen **Engel-Handwärmer** auf alle Fälle in meiner Tasche, den ich ihm später auch schenkte. Ich wandte eine kleine List an und

sagte zu ihm, wenn er denn schön artig sei bis seine Eltern wieder zurück wären, dann würde ich ihm meinen schönsten Engel schenken.

Vielleicht kennt Ihr ja diese Handwärmer, die man an einem kleinen Metallplättchen knicken muss und schon wandelt sich das darin befindliche Gel in Wärme um. Wie dem auch sei. Leider hatten wir nicht viel Spielzeug oder kindliches Beschäftigungsmaterial zur Verfügung und mir fiel auch bald keine Geschichte mehr ein, so dass wir irgendwann auch den Fernseher anschalteten um Trickfilme zu schauen.

Als er später dann doch nach seinen Eltern fragte, erklärte ich ihm dann, dass ihn dieser Engel immer beschützen würde und er nie mehr Angst haben bräuchte, dieser Engel auch immer bei ihm ist, wenn er ihn braucht. Er müsse den Engel nur an sein kleines Herz halten und schon würde der Engel zu ihm kommen und ihn wärmen.

Es war zu goldig wie der Kleine den Engel an sich drückte und die Augen leuchteten. Er setzte sich still in die Ecke der Eckcouch, wo ich ihn zudecken konnte und wurde wieder ruhig. Irgendwann kamen dann die Eltern heim, bedankten sich und ich fuhr mit meinem Fahrrad wieder nach Hause.

Mal abgesehen davon, dass mir auch eine ganz schöne Last von meinen Schultern fiel, spürte ich irgendwie mal wieder so ein besonderes Licht an diesem Tag. Es war der wärmste Novembertag *(20°C – an den erinnern sich bestimmt viele Menschen)* und die Sonne schien herrlich und dennoch hatte ich das merkwürdige Gefühl, dass es kein gewöhnlicher Tag sei. Die Sonne war glutrot und stand extrem niedrig an diesem Tag. Ich hatte ein wunderbares, beschwingtes Gefühl. Ich fuhr sogar extra langsam, um dieses Gefühl zu genießen. Es war unbeschreiblich schön. Fast hätte ich sagen können, es war ein Gefühl, als würde ich schweben.

Während ich so beschwingt und frei mit dem Fahrrad fuhr, betrachtete ich die vorbeiziehenden Wolken und erkannte auf einmal glasklar einen **fliegenden Wolken-Engel** mit **nach oben gerichteter Trompete** in der Hand. Wenn ich mir Mühe gegeben hätte,

hätte ich sogar die Finger erkennen können, nein sogar die Fingernägel. Ich wusste sofort dass es ein **ZEICHEN** war.

Es war wieder sehr merkwürdig. Jeder von uns hat als Kind auf der Wiese gelegen und in den Wolken Figuren zu erkennen versucht. Leider haben das viele Erwachsene dann später wieder vergessen oder verlernt in die Wolken zu schauen und zu träumen. Aber **dieser** Wolken-Engel – bei Gott – war **anders**!!! Natürlich war es nur eine Wolke. Aber so klar und deutlich.

Ich bekam einen heißen Schauer durch meinen ganzen Körper. Meine Gefühle schienen sich zu überschlagen. Es war ein Gefühl wie Weihnachten, Ostern, Pfingsten auf einen Tag. Wie schon erwähnt, die Sonne stand sehr tief, sie war riesig groß und feuerrot. Es war mir für einen kurzen Moment als wäre ich gar nicht wirklich auf der Erde. Ich weiß nicht, wie ich es richtig beschreiben soll. Es schien alles um mich herum so unwirklich schön.

Jedenfalls radelte ich nun wie der Blitz nach Hause um meine Kamera zu holen um dieses gigantische Engel-Bild zu fotografieren. Blöder Gedanke, ich weiß ;-). Natürlich hatte sich die Wolke wieder weiterbewegt und war schon sehr verzogen. Ich hätte es mit sehr viel Fantasie zwar noch erkennen können, aber niemand anderes sonst. Also ließ ich es.

Ich fuhr wieder nach Hause und malte dieses Bild sofort auf, um es nicht wieder zu vergessen. Ich fand keine Ruhe und musste wieder raus, raus, um noch ein bisschen weiter mit meinem Fahrrad zu fahren. Ich wollte dieses unbeschreiblich schöne Gefühl noch eine Weile länger halten. Dieser Tag war herrlich, göttlich, unbeschreiblich.

Aber das war noch nicht das Herausragendste und Besondere an dieser Geschichte. Das haben im Zweifelsfalle auch andere Menschen schon gesehen/erlebt. Einen Tag später ging ich zu meiner Bekannten ins Geschäft und erzählte ihr ganz aufgeregt von dieser Wolke bzw. diesem besonderen ENGEL. Sie sagte sofort : *„STOP, sag nichts! Ich bekomme eine riesige Gänsehaut. Ich kann dir **genau sagen, wie dieser ENGEL ausgesehen** hat."*

Ich glaubte, sie hätte ihn auch gesehen. Dazu muss ich noch erwähnen, dass diese Bekannte zwar offen für meine Dinge zwischen Himmel und Erde ist, aber eigentlich nicht so wirklich daran selber glaubt. Weiter sagte sie: *„Es war ein* **fliegender Engel mit einer Trompete** *in der Hand, und diese Trompete hat er hochgehalten, zum Spielen."*

Ich bekam daraufhin auch sofort Gänsehaut und fragte sie, ob sie ihn denn auch gesehen habe. Aber sie sagte: NEIN. Sie wusste auf einmal nur genau, was ICH gesehen hatte. Man könnte sagen, dass ich in diesem Moment sozusagen ihr Kanal war. Es gibt so viele ENGEL. Aber ausgerechnet diesen einen beschreibt sie mir genau so detailgetreu. Das ist kein ZUFALL!

Es war so unglaublich, dass ich sie bat, sie möge ihn mal **aufmalen** und wir würden beide dann vergleichen. Es war verblüffend. Sie malte auch haargenau noch die gleiche Trompete, die ich gesehen hatte und auch genau so aufgemalt hatte. Es gibt wirklich so viele verschiedene Musikinstrumente, die einer Trompete ähnlich sind. Nein, sie malte keine Flöte oder Klarinette, sondern wahrhaftig dieselbe Trompete, wie sie auch **Erzengel Gabriel** als Symbol trägt. Nun sag mir noch einer, es gibt keine ENGEL.

Was aber auch noch wichtig ist, seit dieser Zeit, kann ich aufschlagen was ich will, ich sehe immer wieder **DIESEN** einen ENGEL mit seiner Trompete. In vielen Zeitschriften boomt geradezu dieses Jahr *(2018)* das ENGEL-Thema, und es gibt reichlich Auswahl der verschiedensten Modelle. Mir fällt aber immer wieder nur diese bestimmte Trompete und dieser ENGEL sofort ins Auge. Seit diesem Tag schaue ich wieder einmal mehr in den Himmel und träume vor mich hin.

In diesem Sinne...
Eure Merle ♥

6. Jan´s Tod

Zur Vorgeschichte:

Vergangene Woche ist von meinem Lebensgefährten seiner Cousine der Sohn mit sechsunddreißig Jahren verstorben. Vergangenen Samstag waren wir noch einmal bei ihr und ihrem Mann zu Besuch. Sie suchten an diesem Tag vergeblich ein bestimmtes Handy, dass **Jan**, *der aktiv bei der Feuerwehr beschäftigt war*, in seinem Besitz hatte. Wir hatten schon vier Handys nach ihrer Sim-Karte und den dazugehörenden Nummern untersucht. Aber leider auch ohne Erfolg.

Ich verband mich daraufhin mit **meinem „höheren Selbst"** und sagte ihnen spontan, dass sich das **Handy noch im Haus** befinden würde. Etwas ungläubig nahmen sie es zur Kenntnis. Ich bot der Cousine meines Lebensgefährten vorher noch an, noch einmal in Ruhe mit ihr gemeinsam nach diesem Handy im Haus und Jan´s Räumen zu suchen.

Aber sie versicherte mir, dass sie schon das ganze Haus durchsucht und auf den Kopf gestellt hätten.Irgendwann fuhren wir dann wieder nach Hause. Während der Autofahrt bat ich **Erzengel Chamuel** und **seine Helfer,** welche u.a. auch **für „verloren gegangene Dinge" zuständig** sind, um ihre Hilfe.

Gleich darauf bedankte ich mich in Gedanken und mit dem Wissen, dass sie die Cousine und ihrem Mann zu dem Handy führen würden. Ich weiß, das hört sich alles wer weiß wie komisch an. Aber lest bitte weiter.

Am nächsten Morgen dann rief sie mich schon sehr früh an und sagte zu mir, dass ich mich auf mein Gefühl verlassen könne. Sie sagte weiter, gleich nachdem wir fortgefahren waren und sie wieder die Küche betrat, ihr dieses verloren geglaubte Handy förmlich in die Hände fiel.

Ich bekam eine Gänsehaut und bedankte mich sofort und in völliger Demut bei meinen fleißigen ENGELN. Zum Dank zündete ich meinen ENGELCHEN auch gleich eine Kerze an. Es war ein überwältigendes Gefühl. Die Geschichte erzählte ich auch einer Nachbarin, die gerade im Garten hinter dem Haus beschäftigt war. Auch sie war sichtlich angetan, wusste sie doch mittlerweile, dass alle Dinge bei mir genau so zutreffen, wie ich sie voraussage. Und jetzt kommt es noch besser.

Als ich wieder in meine Wohnung zurückgehen wollte, hatte ich auf einmal einen völlig absurden Gedanken im Kopf, und zwar dachte ich mir, wie schön es doch jetzt wäre, wenn meine Nachbarin einen **Eisbecher** für uns zubereiten würde. Natürlich war es nur so ein Wunsch-Gedanke, den ich auch nicht laut aussprach. Sie hat es wirklich drauf.

Absurd deswegen, weil ich „eigentlich" gar keine Zeit zum Schwatzen hatte und heute Bürotag angesagt war, und ich mir für heute definitiv vorgenommen hatte, mich von nichts und niemandem davon abhalten zu lassen. Zum anderen war es kühl und ich hatte auch überhaupt gar keinen Appetit auf Eis.

Ich bin auch überhaupt kein Eisesser im herkömmlichen Sinne. Da muss es schon sehr heiß sein und ich muss auch noch gerade einen süßen Zahl darauf haben. Aber nichts von alledem war an diesem Morgen der Fall. Na, wie dem auch sei. Ich dachte nicht weiter drüber nach und kurze Zeit später klingelte es an der Tür. Niemand stand draußen und ich glaubte im ersten Moment, dass die Kinder mal wieder auf Klingelpartie unterwegs wären.

Auf einmal rief meine Nachbarin hinter dem Haus, dass ich schnell mal raus kommen solle. Und was soll ich Euch sagen, **sie hatte zwei Eisbecher in der Hand**, die anfingen, ein wenig über den Rand hinaus zu laufen, wegen der heißen Kirschen.

Sie hatte nur schnell an meiner Tür geklingelt und war zur Hintertür schon wieder hinaus. Ich glaubte meinen Augen kaum und stand bestimmt eine Minute wie paralysiert da und schüttelte mal wieder nur mit dem Kopf. Ich hatte Gänsehaut. Ich dachte, wenn ich ihr das auch noch erzähle, das glaubt sie mir doch im Leben nicht. *Könnt Ihr Euch vorstellen, wie es mir ging?*

Seit geraumer Zeit stelle ich merkwürdige Dinge an mir fest. Ich habe fast den Eindruck, dass ich gewisse Dinge nur zu denken brauche, und schon geschehen sie. Selbst kleineres Unwohlsein oder kleinere Schmerzen denke ich mir weg bzw. sage mir: *„Auch das geht vorüber"* und schon sind sie weg, und wenn nicht sofort, dann rufe ich Erzengel Michael dreimal an, indem ich spreche: *„Erzengel Michael, bitte hilf, bitte hilf, bitte hilf "* , und kurze Zeit später sind meine Beschwerden weg.

Die nächste Story.

Jan, der Sohn von meinem Lebensgefährten seiner Cousine, war Ende März im Krankenhaus wegen seines Fußes, der nicht zuheilen wollte. Ich kannte Jan nicht wirklich und war ihm auch nicht oft begegnet. Auch soll er ein eher schwieriger Mensch gewesen sein, wenn ich das mal so sagen darf, so dass es mich auch nicht sonderlich zu ihm hingezogen hätte. Allerdings habe ich auch seine Seele gefühlt und spürte, wie einsam er oft war. Mir gegenüber hat er sich immer anständig verhalten.

Er war auch schon des Öfteren in Krankenhäusern gewesen in der Vergangenheit, aber nie wäre ich auf die Idee gekommen, ihn irgendwann einmal im Krankenhaus besuchen zu wollen. Ich schwöre es. Aber dieses Mal war es anders. Ich wurde förmlich dazu getrieben.

Ich weiß nicht, wie ich es anders ausdrücken könnte. Es war so ein unbestimmtes und ungutes Gefühl, so ein Gefühl, als ob etwas Schreckliches geschehen würde. Woher ich diese Vermutung hatte oder diese Vorahnung kam, weiß ich nicht. Also sagte ich eines Tages zu meinem Lebensgefährten: *„Mario, wir müssen unbedingt zu Jan ins Krankenhaus; ich habe das Gefühl, dass etwas Schreckliches geschehen wird."*

Fragt nicht, wie er mich angeschaut hat. Wir waren also im Krankenhaus und ich habe beim Nachhauseweg dann auch zu meinem Lebensgefährten gesagt, dass Jan nicht mehr lange leben würde.

Allerdings verließ Jan aber dann nach einem erneuten Kranken-hausaufenthalt und einer OP auch wider Erwarten das Kranken-haus. Er begann sogar schon wieder an Krücken zu laufen.

Mein Gefühl blieb, auch wenn es erst mal anders aussah. Ich machte mir allerdings keine weiteren Gedanken darüber. Anfang vergangener Woche dann legte ich mir mal wieder die Karten auf dem Balkon - allerdings dieses Mal sogar das große Kartenblatt. In den meisten Fällen, wenn ich Fragen klären möchte nutze ich eine kleinere Legeweise, um schneller auf den Punkt zu kommen.

An diesem Tag kam ich jedoch nicht gleich zum Deuten und legte meine Kartenaufzeichnungen und Notizen dazu zur Seite. Ausge-rechnet an dem Tag, als Jan dann tatsächlich verstarb, nahm ich meine Kartenaufzeichnungen wieder zur Hand und bekam auf einmal ein mörderisch vernichtendes Gefühl.

Zum besseren Verständnis: ich weiß nicht, warum ich mir meine Kartenaufzeichnungen an diesem Morgen genauer anschauen wollte. Eigentlich hatte ich mal wieder keine Zeit und musste in meinem Garten etwas tun. Aber wie schon gesagt, an dem Tag zog es mich also doch zu meinen Karten.

Ich deutete mir also die Karten. Normalerweise schaut man nur auf seine Karten, also auf die Verbindungslinien zu einem selbst oder aber man schaut gezielt auf die Verbindungslinien zu anderen Personen, allerdings auch nur dann, wenn man dazu auch Fragen hat.

Die Karten, die ich nun deutete standen allerdings überhaupt nicht und in keiner Linie zu mir oder meinem Lebensgefährten , also hätten auch nichts mit unserem Schicksal zu tun gehabt. Ich weiß nicht wirklich, was ich da zu deuten begann.

Ich sah nur noch die **schrecklichen Karten** und drehte auf einmal förmlich am Rad, völlig irrelevant und unrealistisch, schon gar nicht nachvollziehbar.*(Dazu muss ich sagen, dass mir das bei Klienten nie-mals passiert! Nur wenn es die eigenen Karten sind.).* Während ich mir die Karten nun also genauer anschaute saß ich auf meinem Bal-kon. Eine **Amsel schimpfte kreischend** vor mir auf der Wiese und machte mich völlig nervös. Ich wusste, irgend etwas stimmte nicht, dachte aber nicht weiter darüber nach.

Ich bekam auf einmal **schreckliche Angst** und wollte schon meine Nachbarin zu mir bitten, um mich ein wenig mit ihr zu unterhalten und mich wieder zu beruhigen, was ich dann jedoch wieder verworfen hatte.

Ich fühlte aber, dass es nicht meine eigene Angst war. Ich konnte mir keinen Reim darauf machen. Statt dessen versuchte ich meine Kartenlege-Lehrerin händeringend zu erreichen.Ich mache seit über einem Jahr ein „Kartenlege-Fernstudium" bei B.K., und so lag es nahe, dass ich meine Lehrerin um Hilfe beim Deuten meines Blattes bitten wollte.

Ich glaubte, selbst zu dicht an meinem eigenen Problem zu sitzen *(quasi,wenn man den Wald vor lauter Bäumen nicht mehr erkennen kann),* so dass ich meine eigenen Karten selbst nicht richtig deuten würde oder eben etwas rein interpretieren würde, was gar nicht da ist.

Die Leitung war anfangs jedoch **ständig belegt** und ich befürchtete schon, meine Contenance völlig zu verlieren. So habe ich mich noch nie erlebt. Irgendwann dann hatte ich endlich eine andere Beraterin am Telefon, die mir dann mehrmals versicherte, dass in meinem Kartenblatt alles in bester Ordnung sei.

Allerdings fragte sie mich **zweimal, FÜR WEN** ich die Karten ausgelegt hätte. Ich verstand ihre Frage nicht wirklich bzw. überhörte beide Male diese wichtige Frage. Ich sagte ihr, dass ich die Karten nur **für mich** gelegt hätte. Ich stand beruflich mal wieder an einer Weggabelung und erhoffte mir von den Karten einen Rat. So weit so gut. Ich verabschiedete mich wenig später wieder. Aber das schreckliche Gefühl war immer noch nicht weg. *Konnte ich mich in meinen Gefühlen so getäuscht haben, und wenn ja, warum?*

Ich hatte doch noch nie zuvor einfach so in anderen Kartenreihen nachgeschaut, Kartenreihen, die nichts über mich aussagen konnten. Ungefragt schaue ich in kein anderes Schicksal. Mittlerweile habe ich da meine Neugier gut im Griff ;-).

Nach über einem Jahr kann man das Einmaleins des Kartenlegens aus dem FF, dann geht es nur noch um Verfeinerungen bzw. verschiedene Lege-Methoden. Fakt ist, das Ganze war also **sehr verwirrend** und **völlig „unlogisch"** für mich.

Kurze Zeit später sollte sich dann alles auflösen. Als mein Lebensgefährte dann nach Hause kam und diesen berüchtigten Gesichtsausdruck drauf hatte, fuhr mir wieder diese Angst in die Knochen und ich wäre beinahe umgekippt. Ich wusste, dass mich mein Gefühl mal wieder **nicht** getäuscht hatte.

Er sagte nur zögerlich, dass er gerade von seiner Cousine käme. Mehr musste er auch nicht mehr sagen. Dann war mir alles klar - **Jan** war **gestorben.**

Dass das passieren würde war nicht wirklich abzusehen, da es ihm nach dem Krankenhausaufenthalt ja schon wieder besser ging und er schon wieder zu Hause war und langsam schon wieder an Krücken zu laufen begann. Ich dachte, ich hätte mich eben getäuscht.

Wenn sein Tod nicht schon schlimm genug gewesen wäre, die **Todesuhrzeit** war auch noch **genau zu diesem Zeitpunkt** als mich die **Amsel** darauf aufmerksam machen wollte. Es war **17:30 Uhr als ich am Rad drehte** und meine Beraterin angerufen hatte, also **genau in diesen angsterfüllten Todesminuten.** Ich sagte ja bereits, dass ich nicht wusste woher dieses Gefühl stammte und dass es keinesfalls von mir gekommen sein konnte.

Nur für den Fall, dass Ihr das jetzt nicht versteht. Diese Beratungsgespräche werden als **0190er Nummer** abgerechnet und sind **nicht billig.** Das war auch der Grund warum ich mir die **Uhrzeit** so genau notiert hatte.

Jetzt wurde mir auf einmal auch klar, warum sie mich **zweimal** gefragt hatte, **FÜR WEN** ich die Karten ausgelegt und gedeutet hatte, na klar, Jan war deutlich mit in meinen Karten zu erkennen und auch als Schicksalskarte ersichtlich. *Ist so was nicht paradox? Wollte mich irgendwer oder ich selber mich unbewusst schützen, indem ich die Karten nicht klar deuten konnte/sollte?* Fragen über Fragen. Aber damit immer noch nicht genug. Bei Jan´s Beerdigung bat ich Jan um ein ZEICHEN. Leider erhielt ich jedoch „nicht gleich" eins, und so glaubte ich, diesmal keines zu empfangen. Ein bisschen enttäuscht war ich schon. Als wir wieder daheim waren, sagte mein Partner daraufhin zu mir, dass ich deshalb kein ZEI-CHEN von Jan bekommen würde, weil er an „diese" Dinge nicht geglaubt hatte.

Das war allerdings keine aussagekräftige Antwort für mich. Denn ich hatte den Eindruck als Jan noch lebte, dass er zumindest respektierte was ich tat. Das war natürlich nicht bei allen Familienmitgliedern so ;-).

Ich musste nur genauer hinschauen und noch ein bisschen Geduld haben dachte ich so bei mir. Manchmal sind die ZEICHEN schwer auszumachen und man muss sich *(seinem Kanal)* schon völlig öffnen, um ein ZEICHEN zu erkennen. Und so war es auch.

Mein Lebensgefährte ging irgendwann zum Briefkasten und brachte die Post mit rein. Und was soll ich Euch sagen, da war mein **ZEICHEN von Jan**. Es kam noch ein wenig unklar, aber ich wusste, dass es seines war. Mein Lebensgefährte hielt einen „**Kirchenkatalog**" in der Hand.

Wahrscheinlich wirst du jetzt denken, hä, einen Kirchenkatalog und ein ZEICHEN? Aber es war so. Ich hatte mal ein Räuchergefäß und im Zuge eines Engelsrituals eine bestimmte Altarkerze gesucht und diesen Katalog über das Internet bestellt, um in Ruhe auswählen zu können. Ich hätte es genauso gut online tun können. Aber ich wollte einen Katalog.

Was für ein ZEICHEN war es nun bzw. was für eine Antwort erhielt ich von meinem „höheren Selbst"?

Jan gab mir damit zu verstehen, dass **er** doch an etwas **geglaubt** hatte, nur dass er das wohl seiner Umwelt nie eingestanden hätte. Als Feuerwehrmann ist man stark und muss ein Mann sein. Das Eine schließt nun das Andere nicht gerade aus. Aber dennoch war das wohl für Jan keine Option, sich als Gläubigen zu outen ;-).

Also hatte ich mich in ihm doch nicht getäuscht. Er hatte eben wie viele andere Männer heute immer noch auch eine raue Schale und einen liebenswerten Kern. Das diese Antwort nun noch einen anderen Hintergrund gehabt hatte, wusste ich zu diesem Zeitpunkt noch nicht. Ich fragte mich allerdings schon, was er mir damit noch sagen wollte.

Wofür war diese Antwort für mich wichtig? Warum diese Antwort?

Heute ist ein neuer Tag und ich schreibe jetzt erst weiter: Auch die Cousine meines Lebensgefährten und ihr Mann glauben nicht an die Dinge zwischen Himmel und Erde. Schon des Öfteren habe ich versucht, mit ihr über diese Dinge zu reden. Aber leider immer ohne Erfolg. Dabei ist es auch nicht mehr mein Anspruch, die Menschen überzeugen oder missionieren zu wollen.

Ich schneide schon mal das Thema an *(man weiß ja nie wirklich, wer dafür offen ist oder nicht),* aber wenn ich merke, der- oder diejenige interessiert sich nicht dafür oder verzieht das Gesicht, nehme ich mich auch sehr schnell wieder zurück. Schließlich will ich ja niemanden „Zwangs – beglücken", und wer weiß ob für diesen Menschen schon die *(seine)* Zeit dafür gekommen ist. Vielleicht hat er bis dahin ja noch andere Lektionen zu lernen oder braucht erst noch eine schmerzliche Erfahrung, um sich seinem Glauben zu öffnen.

Na ja, jedenfalls hätte ich mal nicht gedacht, dass sich nun das Blatt so schnell wenden könnte und ich die Cousine meines Lebensgefährten doch nochmal mit diesem Thema kommen würde. Die „Handygeschichte" hatte sie jedenfalls schon mal aufhorchen lassen und ihre vorgefertigte Meinung diesem Thema gegenüber wurde so doch ein ganzes Stück ins Wanken gebracht.

Nun fehlte ihnen der Glaube, etwas woran sie sich in dieser schweren Zeit „klammern" konnten. Und so erzählte ich Ch. vorsichtig von diesen merkwürdigen „Zufällen". Die Cousine meines Lebensgefährten sagte dann auch unter Tränen: *„Ach, wie gerne würde ich dir das glauben"* und ich erklärte ihr daraufhin, dass sie sich dafür nur ein wenig zu öffnen bräuchte.

Wenig später zeigte sie mir ein Foto vom Grab ihrer Mutter. Sie wollte mir damit erklären, wie auch Jan´ s Grab mal aussehen würde. Auf diesem Foto erkannte ich eindeutig **über dem Grab**

einen Lichtschweif, richtig deutlich, und erklärte ihr daraufhin, dass dort noch die Seele ihrer Mutter zu sehen war, die gerade im Begriff war aufzusteigen – wahrscheinlich hatten ihre Lieben sie jetzt erst losgelassen.

Auch sie konnte „dieses Phänomen" nun deutlich erkennen. Als sie mich dann anrief, sagte sie u. a. zu mir auch, dass sich nun auch ihr Mann, als sie ihm das Foto vom Grab ihrer Mutter zeigte, eingestand, dieses unglaublich helle LICHT auch so zum ersten Male überhaupt gesehen zu haben – vorher wäre ihm das nie aufgefallen gewesen, obwohl er sich die Fotos schon sooft angeschaut hätte.

Toll, dachte ich, jetzt auch ihr Mann. Er sah auf einmal etwas, was nur wenige Menschen sehen *(können)*, und auch nur dann, wenn sie offen für diese „feinstofflichen" Dinge sind. Ich glaube, dass sogar erst diese Leere einem „ungläubigen" Menschen überhaupt erst erlaubt sich für diese Dinge zu öffnen. Erst die Leere in uns erlaubt GOTT etwas IN UNS hinein zu geben.

Wenn sich also Menschen **leer** fühlen, ist es auch immer eine Chance für sie, eine Chance die Dinge anders zu be-leucht-en. So geschieht es ja auch in der Meditation – erst wenn wir uns völlig leer gemacht haben, kommt der zündende Gedanke, die Lösung wie von selbst.

Mir fällt da noch eine schöne Geschichte ein: *„Ein Mann kam zu einem buddhistischen Mönch und suchte nach Antworten. Der Mönch bat den Mann sich zu setzen und reichte ihm sogleich eine leere Schale, in die er Tee füllte. Er goss den heißen Tee immer weiter in die Schale bis der Mann erschrocken sagte:* ***„Stopp, stopp, sie ist voll."*** *Da sagte der Mönch zu ihm:* ***„Siehst du, genau so ist es mit dir. Du bist voll und GOTT kann nur in ein leeres Gefäß wieder etwas rein geben."***

So oder so ähnlich ging die Geschichte. Den Mann der Cousine meines Lebensgefährten hatte es von allen am schwersten getroffen, und er konnte wohl auch **noch** nicht richtig Abschied nehmen von seinem Sohn. Für ihn war Jan immer noch da, ich meine auch physisch. Vielleicht kann er ja so auch ein bisschen glauben lernen und den Tod besser verstehe und verarbeiten.

Ich wünsche es ihm um seinetwillen. Sein Wille geschehe!

In diesem Sinne...
Eure Merle ♥

7. Einweihungen - ENGEL-KI-Energie – mit Feedback

>>>Sylvias Feedback müsst Ihr unbedingt lesen<<<

Am **28.2.** zum **Vollmond** habe ich wieder Einweihungen in die Engel-KI-Energie vorgenommen. Dieses Jahr war am 28. Februar ein ganz besonderes Datum. Der Tag war u.a. dem Engel *"Jei zael"* gewidmet - ein Engel der Künstler -, welcher mit dem Psalm dreiundzwanzig, Vers sechs angerufen werden kann *(aus der Bibel entnommen):*

"Psalm 23: *Der Herr ist mein Hirte, mir wird es an nichts mangeln.*

Vers 6: *Nur Glück und Gunst begleiten mich alle Tage meines Lebens, und ich darf weilen im Hause des Herrn, solange die Tage währen.*

Die nähere Erläuterung zu 23: *"Liebliche Stimmungsbilder von dem um das Wohl seiner Herde besorgten Hirten sowie vom Gast, der vor einem reich gedeckten Tisch ruht . Alles Bilder für das Glück eines Mannes, der sich dem Herrn anvertraut."*

Dazu kommt eine sehr seltene Sternenkonstellation:

Sonne Konjunktion Juputer - Eine schönere Konstellation gibt es kaum. Die Dinge nehmen ein **gutes Ende** und **Neues fängt vielversprechend an.** Außerdem steht der Tag für die „**Gemeinschaft".**

Die Einweihung selbst hatte ich **20:00 Uhr** vollzogen. Alles in allem also ein perfekter Tag für so eine Einweihung. Natürlich habe ich auch noch in meinen Engelkalender geschaut: Der „**Engel der**

Demut" unterstützt diesen Tag: *„Du bist dort, wo Du sein solltest. Lerne, das anzunehmen!"*

FAZIT: Da ich nicht mehr an Zufälle glaube, wie ja bereits jeder nun weiß, ist das für mich nochmal ein deutliches Zeichen dafür, dass **alle**, die an der Einweihung teilgenommen haben, **zu diesem Zeitpunkt genau am richtigen Platz waren.** Sie saßen – wie ein **Gast** - alle in **Demut** vor ihrem **reich gedeckten Tisch** *(vor ihrem Altar, den sie für die ENGEL an diesem Tag errichtet hatten)*, und **ruhten** in sich, um ihre Weihe würdig zu empfangen. Derjenige oder diejenige, die sich dann dem Ereignis freudig hingeben konnte, also in diesem Moment den ENGELN vollkommen hingegeben/anvertraut haben *(dem Herrn anvertraut haben)*, der hat diese segensreiche Zeit auch deutlich spüren dürfen.

Derjenige hat vielleicht auch deutlich gespürt, dass ab diesem Moment etwas zu einem **guten Ende** kommt und nun etwas **ganz Neues** vielversprechend anzufangen beginnt.

Vielleicht hat auch der eine oder andere die Gemeinschaft in diesem Moment spüren können, die Gemeinschaft mit den ENGELN und den anderen Einzuweihenden. Gewiss ist jedoch, dass alle ihre ZEICHEN bekommen haben, wenn auch nicht sofort sichtbar. Aber im Nachhinein doch klar und deutlich für jeden erkennbar.

MEIN ZEICHEN: Ein **Regenbogen**

Ich habe meine Schüler so vorbereitet, dass sie sich dieses wundervolle Ereignis wie eine **Hochzeit** vorstellen mögen und sich dementsprechend auch festlich kleiden sollten, den Tisch liebevoll zu einem Altar herrichten und mit liebevollen Accessoires für die Ankunft der ENGEL schmücken sollten.

Vorher war es wichtig, dass sie ihr Zimmer gründlich reinigen mussten und die Stimmung durch Räucherwerk noch weiter anheben konnten. Kerzen und ENGEL-Figuren gehörten ebenfalls dazu. **Gegen 16:30 Uhr** habe ich mit meinen **Vorbereitungen** begonnen. Es kam eben darauf an, sich in Demut diesem Ereignis einfach hinzugeben und auf das zu vertrauen, was mit einem in diesen Momenten geschieht. Nicht mehr und nicht weniger.

Wer dann ein wenig in sich hinein gespürt hat, der hat wellenartige Energie durch seinen Körper spüren können – gleichzusetzen mit einer inneren Reinigung. Der Eine hat es mehr und der Andere etwas weniger wahrnehmen können.

Bei allen gleich war vor der Einweihung die Vorfreude, so ein prickelndes Hochgefühl. An diesem Tag tobte draußen ein unüberhörbarer **Sturm** – der steht auch für **Reinigung**.

Hier nun mit freundlicher Genehmigung der Einzuweihenden einige Auszüge von ihren Feedbacks. Ich kopiere die Feedbacks zu diesem Zweck einfach mit hier hinein. Aus datentechnischen Gründen erwähne ich an dieser Stelle nur ihre Vornamen oder Initialen.

I.) Franziska

„Hallo meine liebe Merle, ich muss zwar alles erst einmal noch in Ruhe "verdauen", gestern war ein **ganz erstaunlicher Tag:** *abgesehen davon, dass ich wahrlich* **aufgeregt** *war, wie vor einer* **Trauung** *(ich* **traue** *mich ...), den ganzen Tag gab es Ereignisse, die uns alle zum Staunen brachten: wir haben gemeinsam - Tina, Eberhard, Gerda und ich (Alex war auf Arbeit) bei den Kindern in der Wohnung zu Mittag gegessen. Anschließend gingen wir alle runter in die gemeinsame Wohnung von uns"Alten"und wurden* **MIT MU-SIK EMPFANGEN!***

Aus irgendeinem Grund war im Wohnzimmer die **Anlage von allein angegangen.** *Ich hatte eine CD drin mit flotten italienischen Songs (Putz-CD). Ich werde sie noch einmal abspielen, um herauszubekommen, welches Lied es war. Auf jeden Fall war es eine Frau, die gesungen hat. (13.50 Uhr) Kurz danach hatten wir im Hause einen* **PARTIELLEN Stromausfall.** *Wir nahmen es zur Kenntnis, und so ca. nach 7. bis 10 Min. war der Strom wieder da.*

Bekanntlich gehen ja sämtliche Uhren welche irgendwo allein oder integriert sind dann auf Null, und man muss sie wieder stellen. War auch so, nur im Schlafzimmer, wo ich meinen **Altar** *gestaltet hatte (den Raum vorher geputzt + auch die Fenster u.a.) war mein WAKE-UP-***LICHT ANGEBLIEBEN!!*** *Das heißt, diese Uhr war von dem Stromausfall* **NICHT** *betroffen...?!*

Am Nachmittag während des **Sturmes** *(von dem wir im Tal nur wenig mitbekamen)* haben Tina und Alex den **Regenbogen** gesehen.

Alexander hat am Auto herum gewerkelt und dann Tina geholt, um dann vom Kinderzimmerfenster *(Nordseite)* sich den **Regenbogen** anzuschauen. Ich habe ihn beginnend im Nordnordosten nur zum Teil sehen können. Das war **um 16:00 Uhr.**

Und heute kam Post von der Iduna Nova. Hatte dort 1995 ne Lebensvers. abgeschlossen und irgendwann stillgelegt. Seit dem keine Post von dort bekommen. Ich kann diese **zurückkaufen** und bekomme sogar **100,00 Euro mehr** als ich zum Bezahlen einer anderen, geborgten Sache, brauche.
Ich staune nur noch. Ach ja, und **geträumt** habe ich auch. Dazu später mehr, und vielleicht auch noch mit dem Liedertitel von der CD. Ich danke Dir und allen anderen für diese wunderbaren Erfahrungen, melde mich bald wieder und schicke ganz viel Sonne + Liebe Deine/ Eure **Franziska** & Familie *(die ja alles miterlebt haben)*

II.) Ingelore

Meine liebe Merle, der Sonntag war ein **besonderer Tag**, ab Nachmittag war in mir eine **große Nervosität** und **Aufgeregtheit**. Habe mich mit Freude und viel Zeit vorbereitet. Beim Anzünden des Räucherwerkes habe ich in die Flamme der bereits brennenden Kerne geschaut und diese in **grün** und **lila** gesehen. Mein ganzer Kopf war schlagartig **voller Energie**, die **in Wellen durch meinen Körper floss.**

Ich bekam Schmerzen im Unterleib, im Lendenwirbelbereich und die Beine und Arme wurden ganz unruhig und mir wurde ganz heiß. Habe zu Beginn der Einweihung auch Bilder gesehen und schaute von oben darauf: Aus einem weißen Meer tauchte eine dunkle Insel auf, die in Form eines Zuckerhutes in die Höhe wuchs und schließlich einen vollkommen begrünten"Hut" bekam. Danach sah ich *(immer noch von oben)* in einen großen hellen Saal, rundherum waren Fenster, alles war lichtdurchflutet und an den Fenstern hellgrün. Auf dem glänzenden Parkett tanzten Menschen im Kreis. Eine Person stand am Rand und schaute zu. Es war eine schöne friedvolle Atmosphäre. - Das war alles -

Ich hatte Mühe, still zu sitzen, habe meine Sitzposition auf den Fußboden verlegt und mich schließlich hingelegt, von da an konnte ich den Rest der Zeit genießen.

*Nach der Stunde hatte ich **ganz intensive Bewegungen** im **Unterleib**, die **Schmerzen lassen nach**, **frieren** und **Gänschaut**.*

III.) Ilse hat **ihr Feedback** für mich telefonisch an Ingelore weitergeleitet

*Wie versprochen habe ich Ilse auch noch angerufen. Ilse sagte mir, dass auch sie von einer **Unruhe und Aufregung** betroffen war. Sie konnte sich **kaum konzentrieren** und **zur Ruhe kommen**. Es war **viel Energie**, die immer **in Schüben** kam. Sie konnte die Nacht **gut schlafen**. Am **nächsten Tag ging es ihr sehr gut**, ein Tag später wieder nicht mehr. Heute will mich die **Sylvia** noch anrufen und mir berichten, sie hatte gestern auf den AB gesprochen. Ich wünsche Dir noch einen schönen, lichtvollen Tag und alles Liebe. Deine Ingelore*

IV.) Sylvia hat **ihr Feedback an Ingelore** für mich ebenfalls telefonisch weitergeleitet

*Meine liebe Merle, nach meinem Telefonat mit **Sylvia** möchte ich Dir auch gern ihre Empfindungen schildern. Sie befand sich schon nachmittags in einer freudigen feierlichen Erregung. Während der Einweihung war eine gewisse Unruhe – aber auch schön - in ihr. Die Energie hat sie genau so gespürt, wie wenn ich sie behandelt habe. Sie hatte einige Wünsche an die ENGEL gegeben und festgestellt, dass es funktioniert. Ihre kleine Tochter ist genau **fünf** Minuten **vor** 20:00 Uhr eingeschlafen und die anderen zwei Großen haben ihre Bitte respektiert und sie in Ruhe gelassen. Die mittlere Tochter war immer strikt dagegen, was die Mama so an "anderen" Sachen macht, am Sonntag hat sie es **erstmalig** respektiert und es ihr zugestanden, dass es gut für sie ist.*

*Sylvia sagte mir, dass sie **keine sichtbaren Zeichen** erhalten habe, doch im weiteren Gespräch habe ich sie darauf aufmerksam gemacht, dass das, was sie **jetzt erlebt, überzeugende ZEICHEN genug sind**. Am Montag, **auf dem Weg zur Arbeit** (ambulante Pflegerin) hörte sie eine **innere Stimme**, die sagte, **"vorn rechts***

*kommt was". Sie bremste das Fahrzeug sofort ab und **Sekunden***
***später kamen von rechts die Böschung <u>Rehe</u> herunter**, die sie*
nunmehr in keiner Weise am Fahren hinderten. (Danke an die EN-
GEL).

Sie kann auf einmal in den Gesichtern der Menschen lesen. Im
Umgang mit Patienten und vor allem auch Kolleginnen (sie wurde
*von einigen ausgegrenzt) ist **mehr Herzlichkeit entstanden**. **Ihr***
kleines Kind ist <u>lieber als sonst</u>, insgesamt herrscht mehr Zu-
friedenheit** und sie ist **glücklich** und **gewiss, dass alles zu ih-
***rem Besten geschieht**. Ich habe mich sehr mit ihr gefreut. Bestä-*
tigt das auch meine Empfindung, die ich hatte, als ich sie kennen
lernte. Ich sagte ihr damals: in dir steckt ein riesiges Potential, es
kommt noch ans Licht. (und sie erinnert sich an alles, was ich ihr je
gesagt habe; mir ist das alles nicht mehr bewusst)

Ist doch gewaltig, was da geschieht!!! freu, freu, freu Deine Ingelo-
re

V.) <u>G.</u>

*Hallo liebe Merle.Es war ein **sehr schönes Ereignis**, doch ich hab*
***nicht soooooo viel** zu Gesicht bekommen, aber die ENGEL ha-*
*ben mir **genug ZEICHEN dagelassen**, auf das ich jetzt auch*
*weiß, was ich zu tun hab...;-)) Das **schönste heute** war die **<u>Wär-</u>***
***<u>me</u>** die ich verspürte, die **Kerze**, wo sich das Feuer teilte und wie*
***Engelsflügel** ausgesehen hat, :-)))) Ansonsten habe ich für einen*
*kurzen Augenblick das **Räucherstäbchen aufblinken** gesehen*
*und **zum gleichen Zeitpunkt** ist auch die **Kerzenflamme aufge-***
***sprungen**...:-))) Es war ziemlich seltsam und ich hab mich total*
erschreckt...:-)) Das war alles sehr mysteriös, doch es hat mir ge-
*fallen...:-))) Ich fand das dies ein **tolles Ereignis** war...:-))) Werde*
es sicherlich öfter machen...:-))) Vielen lieben Dank, liebe Merle :-
))) Ich werde dir die Tage auch die anderen Nachrichten beantwor-
ten... :-))) In Licht und Liebe... :-))) Dein Freund der G... xD"

8. Fazit der ENGEL-KI-Einweihung

Am **28.02.2010** hatte ich genau **sieben** Menschen in die Engel-Ki-Energie eingeweiht. Dieser Tag war ein ganz besonderes Datum. Ich bat als Erstes an diesem Tage meine ENGEL um Beistand und Hilfe, und natürlich um ein deutliches ZEICHEN, ob die Einweihung vollzogen war oder noch nicht, und ob ich evtl. etwas oder jemanden oder etwas Wichtiges vergessen hätte.

Also **wartete** ich nach der Einweihung meiner ENGEL auf ihr ZEICHEN. Es war eine unglaublich schöne und ruhige Atmosphäre und ich ließ mich führen. Als Erstes ging ich in mein Büro und wollte mir die Tages-Energie etwas genauer anschauen und mein Hauptaugenmerk fiel sofort auf meine Astro-Notizen und meinen **ENGEL-Kalender.**

Zum Zweiten war Vollmond, also ein perfektes Datum, um etwas zu manifestieren und zu vervollkommnen. Des weiteren hat laut Engelkalender bspw. an diesem Tag **ENGEL Jeizael - der ENGEL der Künstler - die Gemeinschaft in ihren Einweihungen unterstützt.**

Das war eines meiner schönsten und deutlichsten ZEICHEN, dass die Einweihung erfolgversprechend abgeschlossen war, und all das, was ich da hineingegeben hatte, von Erfolg gekrönt war. Aber damit noch nicht genug. Wie Ihr vielleicht noch wisst brauchte ich damals immer DREI ZEICHEN.

Als nächstes schaute ich in meinem ENGEL-Kalender nach, was dies für ein besonderer Tag war. Diese Woche war der ENGEL der **Demut** aktiv, und er sagt: *„Du bist dort, wo Du sein solltest. Lerne, das anzunehmen!"*

Ok, das war deutlich. Also nicht soviel zweifeln und einfach machen - ich habe alle göttlichen Unterstützungen. Der Herr ist mein Hirte, wenn ich mich ihm anvertraue, und nur Glück und Gunst begleiten mich. Na klasse. Mein Hochgefühl stieg immer mehr. Aber auch damit nicht genug.

ENGEL-Einweihungen finden grundsätzlich über den **Regenbogen** statt. Also ist der Regenbogen auch ein deutliches ZEICHEN für den Erfolg der Einweihung. Und so sollte es auch sein. Ich schaltete später den Fernseher ein und sah „zu-fällig" eine **Predigt** von **Joy Meiers**, in der sie von einem **Regenbogen** sprach.

Anschließend schaute ich in mein E-Mail-Postfach und hatte anlässlich meines Geburtstages am 27.02. eine **nachträgliche Mail von Prana-Haus** mit einem Gedicht von einem **Regenbogen** erhalten: *"Sehr geehrte Frau Waese, Immer möge das Sonnenlicht auf einem Fenstersims schimmern und in deinem Herzen die Gewissheit wohnen, dass ein **Regenbogen** auf den Regen folgt. Mit diesem irischen Segen möchten wir Ihnen von ganzem Herzen zum Geburtstag gratulieren. Wir wünschen Ihnen einen wunderbaren Tag und ein Lebensjahr voller innerem und äußerem Licht, Gesundheit und Zuversicht. Es grüßt Sie herzlich Ihr PranaHaus-Team".*

Ausgerechnet dieses Jahr! Vorher habe ich nie so eine Karte gesendet bekommen. Und dann auch noch genau zu diesem Zeitpunkt! Dann bekam ich auch **noch eine Mail** von meiner **Reiki-Lehrerin,** ebenfalls mit einem **Regenbogen**-Spruch. Sie wusste nicht, dass ich **an diesem Tag** Einweihungen vorgenommen hatte.

Na, wer hat mitgezählt? Da waren **meine DREI** deutlichen und aufeinanderfolgenden ZEICHEN *(Synchronizitäten)*. Und dann kamen im Anschluss die Feedbacks, die das alles nochmal bestätigten.

Meine eingeweihten Engelchen schrieben mir, dass sie alle samt dieses wunderschöne Gefühl während dieser Session verspürten. Eine Frau berichtete mir gleich am nächsten Tag noch, dass sie ein WUNDER-bares Erlebnis hatte, und zwar berichtet sie mir, dass sie sehr stark unter Rheuma litt und an so einem Tag, wie dem 28.02., an dem es draußen **mächtig stürmte** und in ganz Deutschland Unwetterwarnungen herausgegeben wurden, mit 100%iger Sicherheit eine **Rheuma-Attacke** hätte bekommen müssen. Aber an diesem Abend blieb sie aus. Das war zuerst nur ihrer Tochter aufgefallen, nämlich in diesem Moment als ihre Mutter begann etwas zu zweifeln und ob sie sich das alles nur eingebildet hätte. Aber nein. Es war unglaublich, aber wahr. Ihre Rheumaattacke, die sie sonst in regelmäßigen Abständen bekam, **blieb einfach aus**, und **kam seit dem auch nicht wieder**. Ach ja und meine liebe Freundin **Franziska** schrieb in ihrem **Feedback** dann ja auch noch, dass sie einen **Regenbogen** mit Ihrer Familie an diesem Tag gesehen habe.

Das war schon das <u>**vierte Zeichen**</u>. Die ENGEL haben es besonders gut mit mir gemeint. Die kennen mich eben schon ziemlich gut. So und nun lest selbst ihre Feedbacks und urteilt selbst, ob so etwas Wunder-bares wahr sein kann oder alles nur Einbildung ist, wie es manche Ungläubige behaupten ;-). Bitte versteht mich nicht falsch, mir ist es mittlerweile völlig egal, was wer denkt. Dafür habe ich schon **zu viele ZEICHEN** und **Wunder** in meinem Leben gesehen und das auch bei meinen **anderen** Engel-Menschen erleben dürfen, nachdem ich mich JESUS und den ENGELN wieder zugewandt und anvertraut habe. Seit dem hat sich mein Leben total zum Positiven verändert.

Wir weihen uns auch in gewissen Abständen immer mal wieder in die Engel-Ki-Energie ein, um weiter spirituell zu wachsen. Neu ist seit dem bei mir und bei weiteren drei Engel-Menschen die **Hellhörigkeit** dazu gekommen, bzw. wurde dieser Kanal bei uns während der Einweihung noch weiter geöffnet. Bis dato war ich eher hellhörig und hellfühlig und teilweise auf dem Weg zur Hellsichtigkeit *(im Außen)*. Das allerdings war eindeutig neu – eine viel feinere Wahrnehmungsform. Ich freue mich schon auf die kommende Zeit, in der sich diese neue Wahrnehmung wird vervollkommnen.

In diesem Sinne…
Eure Merle ♥

9. Kaputte Flügel

ACHTUNG - lange Geschichte

Nun kommt das wohl für mich anfangs schwierigste ZEICHEN, da es diesmal nicht so deutlich und schon gar nicht sichtbar in diesem Sinne für mich erschien.

Es fing wieder damit an, dass ich um ein deutliches Zeichen von meinem geliebten verstorbenen Mann bat. Vor allem deshalb, weil ich von anderen Verstorbenen auch deutliche Zeichen erhielt, wie bspw. eine weiße Rose von meinem Vater und ein Vögelchen von „einer" meiner Lieblings-Schwiegermütter.

Nun gut. Ich setzte mich also vor eine Kerze. Draußen war es schon dunkel und ich hing meinen Gedanken einfach nur so nach. Auf einmal musste ich an meinen verstorbenen Mann denken und wurde traurig, und zwar deshalb, weil ich bis dato nichts hatte, woran ich ihn wieder erkennen konnte *(im Geiste)*.

Vielleicht sollte ich an dieser Stelle noch erwähnen, dass mir meine Verstorbenen als so genanntes **Orakel** stets dienen, d.h. immer wenn ich ein Problem oder eine Frage klären möchte und genau dieses ZEICHEN von meinem Verstorbenen dann erscheint, meine Antwort **JA** lautet oder eben als Bestätigung für irgend etwas gewertet werden kann.

Ich saß also da und bat schließlich in die Kerze hinein, dass mir mein verstorbener Mann doch ein deutliches ZEICHEN senden möge, und prompt erschien hinter der Kerze ein großer lila farbiger Lichtschein. O.K. dachte ich, du bist das Lila-Licht. Aber ich zweifelte weiter und fühlte für mich, dass mein Gefühl für mich noch nicht rund war. Lila ist ja auch immer die Farbe der Transformation und würde somit auch zu meinem verstorbenen Mann passen. Also bat ich weiter: *„Bitte gib mir noch ein deutlicheres ZEICHEN".* Immer wieder erschien dieses Licht. Ich dachte mir auch nichts weiter dabei – ich dachte wohl eher, dass dies normal sei, wenn man in eine Kerze schaut.

Nun gut, dachte ich, ich habe jetzt um ein ZEICHEN gebeten und muss nun erst einmal abwarten und mein Drittes Auge weit öffnen, um dieses ZEICHEN auch erkennen zu können, und vor allem, was das Wichtigste bei solchen *(meinen)* ZEICHEN immer ist, ich musste mich in GEDULD üben und einfach abwarten. Und ich wartete.

In der kommenden Woche ereigneten sich plötzlich merkwürdige Dinge. **Mir stürzten ständig ENGEL von irgendwo herunter.** Vielleicht sollte ich noch einmal besonders betonen, dass ich eine besondere Beziehung zu ENGELN habe und auch ständig neue *(Deko-)*Engel geschenkt bekomme.

Beim dritten abstürzenden Engel wurde mir nun langsam bewusst, dass dies wohl doch kein Zufall war. Zumindest schrie ich sofort: *„Nein, bitte nicht auch diesen schönen Engel noch..." „Norbi, hör´ jetzt auf, mir meine Engel runter zu schmeißen."* Aber da fiel schon der nächste.

Was an diesen abstürzenden ENGELN jedoch besonderes war, ist die Tatsache, dass **niemals** der **ganze** ENGEL kaputt ging, sondern als deutlichen Hinweis für mich immer **nur** die **Flügel abfielen** bzw. die Flügel immer fein säuberlich daneben lagen. Die Flügel und der ENGEL waren ansonsten immer heil geblieben, obwohl sie mitunter von ein Meter Höhe herabgefallen waren.

Aber was sollte mir das nun bedeuten? Was wollte mir mein verstorbener Mann damit sagen? Ich wusste es erst einmal nicht genau.

*ENGELflügel von einem **ENGEL meiner Freundin Ingelore**

Die nächste Woche war ich dann mit meiner Freundin Ingelore zum Frühstück bei ihr verabredet und erzählte ihr ganz aufgeregt von meinen Erlebnissen. Daraufhin sagte sie: *„Mensch hör´ auf, ich bekomme wieder so eine Gänsehaut, und warte erst mal ab, was ich dir gleich zeigen werde."*
Sie ging in ihre Küche und kam mit einem **kaputten ENGEL** zurück, der ihr **kurz vor meinem Besuch** auch runter gefallen war und ihr Engel war auch **kaputt bis** auf die **Flügel** bzw. die Flügel auch bei ihr fein säuberlich daneben lagen.

Wir sahen uns nur an und grübelten vergeblich über die Antwort nach, zumindest war für mich nichts der Eingebungen stimmig und mein dazu gehöriges rundes Gefühl blieb auch aus. Also gab es immer noch keine Antwort für mich bzw. hatte ich den Sinn dieser Aktion immer noch nicht völlig entschlüsselt.

Dass es das ZEICHEN meines verstorbenen Mannes war, war mir schon klar, nur nicht, was er mit diesen daneben liegenden Flügeln auszudrücken versuchte. Heute weiß ich es. Aber damals war ich noch nicht so weit und wäre im Leben nicht darauf gekommen. Aber es soll ja spannend bleiben. Also verrate ich noch nichts. In irgendeinem meiner ZEICHEN er-kennt auch Ihr dann plötzlich die Antwort, wenn sie Euch nicht jetzt schon wie Schuppen von den Augen fällt.

Meine Freundin Ingelore sagte dann nur: *„Na, dann denke doch nicht immer daran, dass dir wieder ein ENGEL kaputt gehen wird. Du weißt doch was deine Gedanken auslösen.“*

Recht hatte sie, dachte ich so bei mir, schließlich wollte ich nicht noch mehr der schönen Deko-ENGELCHEN einbüßen. Die Antwort war eigentlich logisch für mich. Aber es sollte weiter so gehen, allerdings in wenig abgewandelter Form.

So gegen Mittag fuhr ich dann wieder nach Hause – es war einer dieser hässlichen stürmischen Tage Ende März/Anfang April, wo sich der Winter noch einmal zurückgemeldet hatte und noch nicht bereit war sein Revier zu verlassen. Ich war mit dem Fahrrad unterwegs und hatte wirklich Mühe, nicht vom Rad gefegt zu werden. Zu Hause angekommen, wurde meine Aufmerksamkeit auf einmal *- aus unerklärlichem Grund -* auf meinen Balkon gelenkt.

Ich war froh, heil zu Hause wieder angekommen zu sein und wäre bei diesem stürmischen Wetter im „Normalfall" auch nicht auf meinen Balkon gegangen, zumal es draußen ja wirklich mehr als ungemütlich war und so gar ein bisschen hagelte. Es gab also keinen normal bzw. natürlich erklärbaren Grund dafür, warum ich ausgerechnet jetzt einfach mal so auf den Balkon gehen sollte, jedenfalls nicht für mich.

*Deko-Vogel-Flügel

Und da plötzlich sah ich es. Ich glaubte meinen Augen nicht zu trauen und war erst einmal entsetzt, allerdings wenig später konnte ich darüber nur herzhaft lachen. Ich hatte auf meinem Balkon einen kleinen Kunst Bonsai stehen, an dem ein kleiner - aus Drahtgeflecht gefertigter Deko-Vogel - (*Überbleibsel noch von Weihnachten*) hing.

Wie ich schon besonders zu betonen versuche, war dieser Vogel **ziemlich stabil** gefertigt und niemand wäre auf den Gedanken gekommen, dass von so einem stabil gefertigten Vogel die **Flügel** hätten einfach so **abfliegen** bzw. **sich lösen** könnten. Es war quasi unmöglich. Diese Schwanzflügelchen waren aber förmlich heraus gerissen. Ja, ok vielleicht auch nicht völlig auszuschließen ;-).

Aber was noch viel verblüffender war, sie lagen – **wieder richtig schön und ordentlich angeordnet**, so wie wenn man die Flügel schön nebeneinander hingelegt hätte – unterhalb des Vögelchens, **aber nur so lange bis meine Aufmerksamkeit darauf gelenkt war. Im nächsten Moment wehte sie der Sturm davon.** Sagt selbst, das konnte doch kein Zufall sein. Natürlich war mir das auch sofort bewusst. Aber - wo zum Geier - war denn nun für mich die sehnlichst herbeigesehnte Antwort. Wieder nix. Die Antwort wollte und wollte sich mir einfach nicht erschließen. Dass Verstorbene ENGEL sind, ist doch nichts Neues und auch kein „Besonderes ZEICHEN" für mich, dachte ich, und um Gottes Willen, wie viele Dinge werden mir noch kaputt gehen müssen, bis ich die „versteckte" Antwort nun endlich erkennen kann.

Ich rief natürlich auch gleich meine Freundin wieder an und berichtete ihr davon. Sie sagte mir noch einmal eindringlich, dass ich nicht mehr daran denken sollte und einfach mal abwarten müsse. Gesagt – getan. Sicher hatte sie recht.

*Flügel eines Kristall-Schmetterlings

Aber auch das sollte es noch nicht gewesen sein. Am nächsten Tag verabredete ich mich mit einer anderen Freundin in der Stadt, der ich natürlich auch von meinen spannenden Erlebnissen berichtete. Wir bummelten ein wenig in den Geschäften und eigentlich suchte ich auch nichts Bestimmtes und wollte auch nichts kaufen.

In einem Geschäft erblickte ich dann einen wunderschönen „**Kristall-Schmetterling**" und kam schließlich auch nicht umhin, mir so einen zu kaufen. Neben ENGELN haben es mir natürlich auch Schmetterlinge besonders angetan, eben alles „Geflügelte".

Auf der anderen Seite war es unnötig und im Nachhinein auch unlogisch für mich, mir so ein Teil zu kaufen. Ich hatte genug Deko überall rumstehen und brauchte nichts mehr. Nun gut, der gehörte wohl auch zu meinem **höheren Plan**. Nur gut, dass sich die Geldausgaben in Grenzen hielten. Wenn ich mir vorstelle, wie viele Pseudo-ZEICHEN ich noch gebraucht hätte, um das *(mein)* ZEICHEN zu erkennen. Aber hört weiter.

Zu Hause angekommen, hängte ich diesen Schmetterling auch sogleich an meine Scheiben-Gardinenstange ins Fenster. Und ... Ihr wisst bestimmt schon was jetzt kommt... Na klar, ich drehte mich um und wollte gerade aus dem Zimmer gehen, da gab es einen Schlag und der Schmetterling lag am Boden und war in zwei Teile geteilt – in **zwei Flügel**.

Ich stand nur so da und schüttelte mit dem Kopf. Es war so irreal. Aber auch jetzt geht es noch weiter und ist noch lange nicht Schluss. *(So lange habe ich wirklich noch nie für eine Antwort-ZEICHEN-**Erkennung** gebraucht.)*

Die nächste Geschichte setzt dem Ganzen noch die Krone auf. Und bitte bedenkt an dieser Stelle mal die schöne Synchronizität - ein ZEICHEN nach dem anderen. Mein verstorbener Mann wollte es jetzt aber wissen und gab sich richtig Mühe, dass ich es endlich kapieren sollte ;-).

*Engelsritual – Engelsflügel von einem **„fest verlöteten"** **Tiffany-Glas-ENGEL**

In der kommenden Woche hatte ich einen **Vortrag** geplant. Es ging um ein „ENGEL-Ritual und die dazu gehörige Wunscherfüllung oder wie man richtig wünscht, damit sich der Wunsch auch manifestieren bzw. erfüllen kann. Ich dekorierte zu diesem Zweck den Raum schön mit ENGEL- Accessoires, Kerzen, Kristallen etc. und natürlich auch einem dazu gehörenden schönen ENGEL. Dieser Engel war aus Tiffanyglas gefertigt, wo die Flügel **verlötet** waren und man hinter diesen - auf einer kleinen **angelöteten** Platte - ein kleines Teelicht stellen konnte.

Dieser von hinten beleuchtete ENGEL stand nun im Fenster hinter mir, so dass die Besucher dieses Vortrages ihn auch deutlich sehen konnten. Ich begann nun meinen Vortrag. Erst gab es noch ein paar organisatorische Dinge zu klären, und dann fing ich an von einem **bestimmten ZEICHEN** zu sprechen *(Es war das hier aufgeführte fünfte. ZEICHEN, welches ich damals erhielt als ich mich um den Enkelsohn meiner Freundin Inge kümmern sollte, während seine Eltern und meine Freundin Inge zu einer Beerdigung unterwegs waren und ich dann am Schluss diesen besonderen Wolken-ENGEL sah).*

Genau in dem Moment als ich gerade eines meiner selbst gemalten Bilder, ein Aquarellbild von diesem besagten ENGEL hoch hielt, ging die Kerze hinter dem ENGEL plötzlich aus und gleich danach fiel ein Flügel ab. Den Vortragsgästen stockte förmlich der Atem. Alle bekamen Gänsehaut und von nun an lauschten alle nur noch viel aufmerksamer meinen Ausführungen.

Manche Teilnehmer erzählten mir später, dass sie vorher **nicht** an ENGEL glaubten, aber nun, da sie sogar Zeuge durch ihre Anwesenheit werden durften, hatte sich das geändert.

Es war genial und unvorstellbar zugleich. Allerdings hatte ich aber immer noch nicht meine Antwort, wie ihr vielleicht schon bemerkt habt. Also ging das Spektakel wieder weiter. Diesmal wartete ich aber wirklich ab. Ich ließ wirklich los und dachte nicht mehr daran.

Ich bekam schon fast Angst vor meinen eigenen Gedanken *(übertrieben gesprochen)*. Und ich wurde erhört.

*Kette mit meinem persönlichen Schutzengel-Symbol *„Kler"*

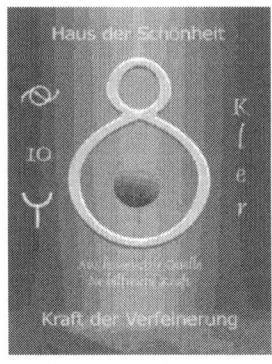

Der **Schmuck** ist hier erhältlich: *www.meinthema-onlineshop.com/produkte-die-ber%C3%BChren/schmuck/kler*

Vergangene Woche war meine Geduld nun also doch wieder am Ende und so bat ich eines nachts - als ich schon im Bett lag - doch noch einmal sehr eindringlich, um ein noch viel deutlicheres ZEICHEN, ein ZEICHEN, was ich nun endlich auch zu deuten vermochte.

Zur Vorgeschichte ist es noch wichtig zu erwähnen, dass ich an dem besagten Morgen einen schon lange bestellten Kettenanhänger mit meinem ganz persönlichen ENGEL-Symbol *(welches auf meinem göttlichen Apfel nach meiner Engel-Ki-Meister/Lehrer-Einweihung zu sehen war - ZEICHEN Nr. Eins in diesem Buch)* zugeschickt bekommen habe. Natürlich legte ich die Kette sofort um und fühlte mich auch gleich besonders ruhig und gelassen. Diese unglaubliche RUHE ist auch immer ein eindeutiges ZEICHEN von der Präsenz der ENGEL. Bitte beachtet: Der Anhänger kam genau an diesem Tag an!

Schon mal alleine der Gedanke, dass es nun auch zu meinem „göttlichen Apfel"-(Engels-)ZEICHEN ein Schmuckstück gab und genau dieses – mein persönliches Schutzengel-Zeichen war, ist so unfassbar und schön zur gleiche Zeit, dass ich immer noch Gänsehaut bekomme, wenn ich daran denke bzw. davon spreche oder schreibe. Aber hört die Geschichte zu Ende. Ich schlief also an diesem besagten Abend nach meinem persönlichen Gebet ein. Und was soll ich euch sagen. wenig später bemerkte ich, dass ich diesen Kettenanhänger verloren hatte. Mir schoss es gleich durch Mark und Bein. Ich sah sofort hektisch überall nach und schlussendlich auch im Bett, wo ich ihn auch Gott sei Dank wiederfand.

Ich war überglücklich und dachte, nun auch endlich meine Antwort erhalten zu haben: **Mein Herzensmann** ist einer **meiner ganz persönlichen Schutzengel!** Leider stimmte das nur zum Teil. Dass er einer meiner persönlichen Schutzengel geworden war, stimmte schon, nur war das eben nicht die Antwort auf meine Frage, warum die Flügel immer fein säuberlich daneben lagen ;-).

Irgendwann konnte ich aber dann doch endlich dieses ZEICHEN deuten. Aber dazu später im Buch mehr.

Ich konnte oder wollte es nicht sehen oder wusste nicht, dass es noch eine **höhere Hierarchie** bei den ENGELN gibt. Schließlich hat jeder Mensch einen Schutzengel.

Wozu braucht ein Mensch zwei?

Und genau das sollte ich auch erkennen, und auch aus diesem Grunde war es so schwer für mich. Ich bin doch sonst sehr viel hellfühliger. Aber es ist wie so oft im Leben, wenn man zu dicht am eigenen Problem steht, dann kann man manchmal den Wald vor lauter Bäumen einfach nicht erkennen.

Die „krampfhafte" Suche nach der Lösung versperrte mir lange Zeit den Zugang zu meinem höheren Selbst und so brauchte ich ein (Pseudo-)ZEICHEN nach dem anderen. Ich sollte, nein, durfte nun erkennen, dass ich nicht nur einen Schutzengel habe, den jeder Mensch hat, sondern noch einen, also mindestens zwei. Mittlerweile weiß ich, dass wir alle mehrere Schutzengel haben, aber jeder mindestens drei lt. Angelica-Yoga, nämlich einen der auf der physischen Ebene, einen der auf der emotionalen Ebene und einen der auf der intellektuellen Ebene für und mit uns arbeitet.

Quelle: *https://www.ucm.ca/de/info/die-72-engel*

Euren **ersten** Schutzengel könnt Ihr selbständig aus Eurem Geburtstag bestimmen. Er ist zuständig an fünf bis sechs fortlaufenden Tagen und bestimmt den **physikalischen** Bereich, die Handlungen des physischen Körpers.

Euren **zweiten** Schutzengel könnt Ihr ebenfalls aus Eurem Geburtstag bestimmen. Er ist auch für fünf bis sechs Tage zuständig, die allerdings auf das ganze Jahr verteilt sind. Er wirkt im **emotionalen**/Gefühlsbereich.

Euren **dritten** Schutzengel könnt Ihr aus Eurer Geburtszeit bestimmen. Er arbeitet auf der **intellektuellen** Ebene, der Welt der Gedanken. Ein Tag ist hier in je zwanzig Minuten Intervalle eingeteilt und für jedes Intervall ist ein Schutzengel zuständig. Für die Bestimmung des dritten Geburtsschutzengels benötigt Ihr Eure genaue Geburtszeit.

Alles genau nachlesen kannst Du nochmal hier:

Quelle: *www.ucm.center/de/info/die-72-engel*

„Dieses Einweihungs-Yoga fokussiert auf unsere Fähigkeit, mittels der Träume, Zeichen und Symbolsprache Antworten und Lehren in uns selbst zu erhalten und gleichzeitig in ausgeglichener Weise unsere emotionale, intellektuelle und spirituelle Intelligenz zu entwickeln."

Ist das nicht schön? Seht ihr, und genau so kann jeder nur seine ZEICHEN für sich erkennen. Und diese Zeichen sind mal mehr, mal weniger offensichtlich – je nach Bewusstseinsstand. Und was ganz wichtig ist, die ENGEL wollen immer gebeten werden und freuen sich auch immer über ein kleines DANKESCHÖN, wenn wir das ZEICHEN erkennen durften.

Wer also um ein ZEICHEN für dieses oder jenes **bittet**, der wird auch immer eine Antwort erhalten. Bittet um Hilfe und Euch wird geholfen.

In diesem Sinne...und allen immer ein wachsames Auge.

Viel Licht und Liebe...
Eure Merle ♥

10. TRAUM von Van Helsing und Weiße Schwäne

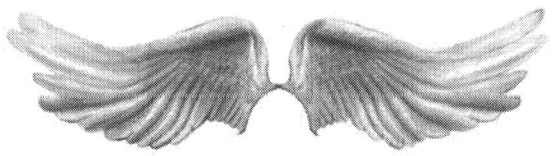

Ich träumte, dass ich unter vielen Menschen auf einmal war und ich sollte servieren. Die Sektgläser waren aus Kuchenteig. Klingt blöd, aber so sind nun einmal Träume – sie kommen oft pervertiert zum Ausdruck und sie klären sich oft erst durch ihre Symbolik selbst auf.

Kuchenteig = **Hingabe** und **Genussfähigkeit**

Ich tanzte dort mit einem interessanten charismatischen Mann, der mir sehr gut gefiel. Schließlich küsste er mich auf mein **Ohr**.

Ohr = Hinhören

Ein besonders lieber und deutlicher Hinweis meiner Engel und heißt, dass ich nun besonders aufmerksam auf die gesprochenen Worte der dort anwesenden Menschen **hören** sollte.

Es ging weiter darum, dass mir eine Frau ihr leeres Sektglas gab und mich darum bat, ihr nachzuschenken.

Kelche oder **Gefäße** aus **Glas** = **Bewusstwerdungs-Prozess**

Also ging ich mit dem Sektglas los und wollte es nachschenken. Unterwegs **knabberte** ich allerdings an **ihrem Glas,** so dass nur noch der Kelchfuß übrig geblieben war. Ich dachte mir dann, dass ich ein **neues Glas** *(aus Kuchenteig)* besorgen muss und versuchte jemanden zu finden, der mir sagen konnte, **wo** ich **derartige Gläser finden** könnte.

Schließlich traf ich eine hübsche Frau, die mir zeigen wollte, wo diese Gläser stehen. Also folgte ich ihr. Auf einmal war sie verschwunden und ich fragte wieder die Leute, ob sie wissen wohin die Frau verschwunden war und sie zeigten mir eine **Tür** durch die sie gegangen war. Ich kam nun auch zu dieser Tür und ging hinein um nachzuschauen wo die Frau abgeblieben war. Der Raum dahinter war sehr sehr klein, vielleicht einmal ein Meter und im ersten Moment war mir auch recht mulmig darin. Es war sehr dunkel und irgendwie hatte ich das Gefühl, nicht alleine in diesem Raum zu sein. Auf einmal spürte ich Wesen in diesem Raum, die lustig waren und gar nicht Angst einflößend und ich begann mich zu entspannen. Obwohl ich sie nicht sehen konnte, so konnte ich doch deutlich ihre Anwesenheit spüren. Die kleinen lustigen Wesen spielten dann mit mir – sie schmissen mich sich gegenseitig zu – ich hatte das Gefühl von Wattewolken umgeben zu sein und von einem Wölkchen zum nächsten geworfen zu werden.

Es war schön und auf einmal bemerkte ich noch eine weitere Tür. Aber ich traute mich nicht hindurchzugehen. Ich öffnete die Tür vorsichtig und schaute hindurch, ob ich nicht die mysteriöse Frau irgendwo sehen konnte. Hinter der Tür befand sich ein langer überdachter Gang nach draußen, in dem etliche Töpferwaren standen.

Aber aus irgendeinem Grunde wollte ich nicht durch diese Tür gehen. Als ich die Tür ein wenig weiter öffnen wollte spürte ich einen Widerstand und die Tür wollte sich wieder schließen. Ich probierte es noch einmal. Aber die Tür ging nur sehr schwer zu öffnen. Ich beschloss dann allerdings wieder zu gehen. Die Frau war nicht hier.

Auf meinem Weg zurück befanden sich auf einmal viele Kisten und versperrten mir ein wenig den Weg.

Kiste geschlossen = ein Geheimnis wird bewahrt

Aber es fühlte sich dennoch **nicht schlecht** an. *(Gefühle sind wichtig in einem Traum.)* Ich kletterte auf die Kisten und auf der anderen Seite wieder locker hinunter. Schließlich stellte ich fest, dass ich immer noch kein Glas hatte und suchte den Mann, der mir auf mein Ohr geküsst hatte um ihn zu bitten mir zu helfen ein solches Glas zu finden. Aber dieser Mann war auch weg. Also fragte ich nun wieder die Leute, ob sie diesen Mann nicht gesehen hätten. Die Leute schauten mich auf einmal ganz verwundert an und fragten mich: *„Was, Du weißt nicht wer dieser Mann war?"* Und ich sagte: *„NEIN"*. Daraufhin sagten die Leute zu mir: *„Das war Van Helsing!"* Danach wachte ich auf.

Ich war völlig durch den Wind und mir fiel auf einmal das **OHR** wieder ein und dass ich **auf etwas Besonderes im Traum achten sollte.** Ja, es war der **Name**, den ich mir **merken** sollte. Eben genau die letzte Traumsequenz ist immer sehr wichtig. Also das was wir unmittelbar vor dem Aufwachen geträumt haben und noch deutlich in Erinnerung haben.

Ich stand ganz aufgeregt auf. Es war drei Uhr morgens. Mir war es unmöglich weiter zu schlafen. Ich begann im Internet **diesen Namen** zu googeln und Bingo. Es gab tatsächlich einen **Menschen** mit **diesem Namen.** Als ich mich dann weiter durchs Internet kämpfte.noch einmal Bingo. **Bei Van Helsing** ging es auch hier wieder um **Okkultismus.**

Meine Botschaft lautete also laut und deutlich: *„Beschäftige Dich jetzt mit Okkultismus! Du musst Dich nicht fürchten - Es ist schön auf der anderen Seite!"* Eine weitere Botschaft wurde mir erst später klar. Im Internet gab es ständig einen Hinweis auch auf einen gleichnamigen **Film: *„Van Helsing."***

Dieser Name kam mir wohl bekannt vor. Aber ich hatte keinen blassen Schimmer davon, wer dieser Mann war oder was er tat. Am Morgen erzählte ich dann meinem Lebensgefährten beim Frühstück ganz aufgeregt von meinem Traum. Daraufhin lächelte er, ging zu seinem DVD-Regal und zog den **Film *„Van Helsing"*** heraus. Ich bekam eine Gänsehaut. Er sagte er wisse auch nicht so genau warum er diesen Film hätte.

Er hatte ihn irgendwann einmal von meinem Sohn geschenkt bekommen und ihn wohl auch einsortiert. Aber eigentlich sind das gar nicht SEINE Filme und er wisse auch wirklich nicht, wieso er ihn dann trotzdem behalten hatte - Grusel-oder Horrorfilme sind eigentlich nicht sein Spezialgebiet. Jetzt weiß er es und ich auch! Es ist alles mehr oder weniger **vorherbestimmt** - man muss nur die **ZEICHEN richtig erkennen.**

Am Abend schauten wir uns diesen Film dann an. Im Normalfall, und das muss ich nochmal deutlich sagen, würde ich mir so einen Film niemals anschauen. Es ging um **Vampire** und **blutrünstiges Abschlachten.** Wir schauten aber nun den Film mit anderen Augen. Mir war auch das erste Mal nicht schlecht geworden beim Anblick solcher Szenen. Ich will nicht gleich sagen im Gegenteil. Aber es fühlte sich irgendwie überhaupt nicht gruselig an. Wie dem auch sei – im letzten Teil dann nun eine weitere, meine zweite Botschaft, welche Teil meiner Führung war: Im Film spielte **Van Helsing** den **GUTEN** ENGEL, der gegen das BÖSE kämpfte.

Und schließlich sprach das „BÖSE" *(die böse Gestalt)* **Van Helsing** mit folgenden Worten an: *„**Erzengel Gabriel, rechte Hand von GOTT"** (oder fast genau so ähnlich)*

Van Helsing war also Erzengel Gabriel?

Gabriel verkörpert ja als Erzengel auch wirklich das Gute, das gegen das Böse kämpft. Ich war für einen Moment lang wie paralysiert. Mein Lebensgefährte schaute mich auch gleich an und verstand. Da ich auf der ENGEL-Ebene Erfahrungen besitze, verstand ich sofort diese Botschaft!

Wenn der Film für MICH bestimmt war, war es mehr als deutlich, dass es u.a. eine meiner Aufgaben war, dass auch ich gegen **das Böse kämpfen soll** und **darf.** Ich soll mir nicht mehr alles bieten lassen und endlich damit beginnen, das Gutmenschgedöns wieder loszulassen. Das ich jetzt dafür ausgesucht bin – ist die Botschaft meiner Engel und gar von meinem Geburtsengel, Erzengel Gabriel!

Schon oft dachte ich, dass ich ein besonderes Gerechtigkeitsgen in mir hätte. Wenn in meiner Umgebung jemandem Unrecht geschieht, bin ich die Erste, die dazwischen geht bzw. immer darum bemüht ist, die Harmonie wieder herzustellen. Es ist so unglaublich, dass ich gleich wieder Gänsehaut bekomme.

Dass es **vorherbestimmt** war zeigt auch, dass ich mir zu meinem **Geburtstag –.genau vor einem Jahr** und zu einem wichtigen Wendepunkt in meinem gesamten Leben, wo meine Sterne auf Entfaltung standen, einen Mond-**Talisman** *(der für **Schutz** steht)* nach meinen Berechnungen und **mit** der **Energie** von **Erzengel Gabriel** anfertigen lassen hatte. Ich habe mein ganzes Geburtstagsgeld dafür gespart und mir dieses eine Mal auch von all meinen Freunden nur Geld - extra dafür - habe schenken lassen, obwohl das sonst nicht meine Art ist, wie Ihr ja jetzt vielleicht schon wisst. Aber ich wusste ganz genau, dass ich ihn unbedingt brauche! *Sagt selbst, ist das nicht toll?*

Nun weiter zu meinem **Film „Van Helsing"**. Hier gab es noch einen Hinweis, den ich mir genau anschauen sollte, und zwar ging es zweimal hintereinander um die Botschaft *„durch eine Tür gehen zu müssen"*.

So fand Van Helsing im Film die Tür zum Bösen *durch die er unbeirrt und mutig gehen musste, um das Böse zu besiegen.* Das war dann so ziemlich das letzte „Brett vor meinem Kopf", was ich *erkennen* sollte. Also hab keine Angst vor dem Bösen und gehe unbeirrt durch diese Tür, die sich dir geöffnet hat - es ist deine Bestimmung! Du darfst und sollst Dich jetzt mit dem Bösen auseinandersetzen!

Sogar meinem Lebensgefährten war es ab diesem Moment klar. Auch wenn er nicht unbedingt nun der spirituellste Mensch ist. Aber er ist wenigstens offen für die Dinge, die mich umgeben und die immer wieder auf mich zukommen. Schließlich bekommt er ja auch das positive Feedback mit ;-).

Nach dem Film saß ich noch eine ganze Weile so da und konnte es kaum glauben, dass ich wieder einmal so deutliche ZEICHEN von meinen lieben ENGELN bekommen hatte. Ich zündete eine weiße Kerze an und bedankte mich bei ihnen für die klaren Botschaften. Auch eine damalige Freundin, wusste in diesem Moment, dass diese ZEICHEN zur rechten Zeit kamen, um auch mir Mut zuzusprechen und mich auf meinen ursprünglichen Weg zurück geleiteten sollten.

Ein paar Tage später träumte ich von **weißen Schwänen**, die in eine **Linksspirale** hinein flogen. Es waren sehr viele schöne, große und **weiße** Schwäne. Der Traum schien sehr real und war wunderschön und erhebend. **Bestätigung einige Monate später:**

Eine Kollegin, die Erzengel Zadkiel channelte, sagte mir u.a., als ich ihr von diesen Träumen erzählte folgendes:

„...zu Van Helsing: Hier gibt es für mich eine noch viel tiefere Botschaft: Ich würde von einer höheren Macht rekrutiert worden sein und werde derzeit vorbereitet auf eine sehr schwierige Zeit – dafür stand der Traum: Es geht um Astralwanderungen: Ich werde - während ich schlafe - aus meinem Körper treten und für das Gute kämpfen, quasi durch meinen Astralkörper.

Morgens dachte ich noch, es wäre ein sehr realer Traum gewesen und wenn ich aufwache, würde ich mich wie gerädert fühlen *(durch das Kämpfen)*.

Weiter sagte sie: „Es sind keine schönen Dinge, die auf mich zukommen würden, aber die Engel werden mich beschützen und wenn ich in Gefahr bin, werden sie mich wieder zurück in meinen Körper holen! Sie passen auf mich auf! Ich bin zu keiner Zeit wirklich in Gefahr! Ich müsste auch keine Angst davor haben. Ich wäre auserwählt worden, weil es in unserer momentan sehr schwierigen Zeit nicht genügend Engel gäbe, die diese spezielle Aufgabe erledigen könnten. Aus diesem Grunde werden jetzt auch wenige Menschen mit eingebunden, aber nur solche, die extra dafür ausgesucht würden."

Ich war platt, denn genau das dachte ich vorher auch schon. Jedes Mal stand ich wirklich wie gerädert am Morgen auf und fühlte die erste Zeit so eine Schwere, die sich dann aber im Laufe des Tages wieder auflöste.

Weiße Schwäne = Schwäne sind **ENGEL**

Linksspirale = **Emotionen**, d.h.,**die Engel heilen meine Emotionen**

Soweit so gut. **Einen Tag später, nach dem Traum** von den **Schwänen** und anlässlich **meines Geburtstages,** erhielt ich ein Päckchen von meiner Schwägerin mit einer **Geburtstagskarte** darin. Dreimal dürft Ihr raten, was für eine Geburtstagskarte ich erhalten hatte bzw. was auf der Karte für ein Bild zu sehen war. Es war **keine richtige „Geburtstags-Karte",** sondern **nur eine Faltkarte** mit einem...

weißen Schwan darauf.

Mir standen die Nackenhaare senkrecht nach oben. Als ich sie meinem Lebensgefährten zeigte, konnte auch er es kaum glauben. *Habt Ihr schon einmal eine Geburtstagskarte mit einem **weißen Schwan** vorne darauf gesehen?* Selbst wenn es offensichtlich solche Karten auch gibt, *aber dann noch **genau** zum **richtigen Zeitpunkt für mich** als **ZEICHEN** versteckt?*

Es ist wunderschön, die ENGEL zu erleben und ihre ZEICHEN erhalten zu dürfen. DANKE – DANKE – DANKE all meinen fleißigen und liebevollen ENGELN. Ein paar Tage später, konkret eine Woche nach meinem Geburtstag kam meine Freundin Nicole, um mir nachträglich zu gratulieren. Auch sie schenkte mir eine schöne Karte mit einem **Vögelchen** vorne drauf.

Zur **Vorgeschichte** muss ich noch erwähnen, dass ich einen Stifte-Behälter mit **Uhrzeit**-Funktion auf meinem Schreibtisch stehen habe, der aber leider bis dato nie funktionierte. Er war wohl auch irgendwann einmal auf 12:00 Uhr mittags gestellt worden. Aber daran dachte in diesem Moment niemand.

Als ich **die Karte öffnete** erklang die **Melodie** von „**Happy Birthday**" und ich glaubte in diesem Moment wirklich und wahrhaftig, dass mir Nicole so eine **Geburtstagskarte mit Musik** geschenkt hätte.
Aber dem war nicht so, was ich dann schnell merkte, als ich die Karte geschlossen hatte und die Melodie weiter erklang. Wir saßen beide wie versteinert da und konnten uns das erst gar nicht erklären bis ich schließlich an diesen Stifte-Behälter dachte.

Diese Vogelkarte ist auch etwas ganz besonderes für mich, weil ich eine besondere Beziehung zu meinen kleinen Meisen und Amseln in meinem Garten habe. Ich füttere meine kleinen Freunde das ganze Jahr hindurch, also auch im Sommer und bekomme dafür jeden Morgen und den ganzen Tag über immer mal wieder gratis ein wunderschönes Ständchen. Es fühlt sich dann in meinem kleinen Garten schon fast wie im Paradies an. Probiert es doch einfach auch einmal aus und kümmert Euch etwas mehr um die Tiere in Eurer näheren Umgebung. Ihr werdet dafür ganz sicher reich belohnt. Ich verspreche es :-)

In diesem Sinne...
Achtet Eure Nächsten und schenkt ihnen ein Lächeln, denn Ihr wisst ja: *„Ein Lächeln kehrt immer zurück".*

Eure Merle ♥

11. Glockenblumen versperren den Weg
FREUNDSCHAFT

Ich habe wieder ein Zeichen von meinen ENGELN bekommen und sogar schon einige Stunden nachdem ich um Führung und Hilfe gebeten hatte. Wie schon in meiner Facebook-Gruppe beschrieben, sind momentan **meine Schatten**seiten sehr präsent und wollen ans Licht gehoben werden. Leider habe ich noch hier und da große Widerstände und es ist oft ein langwieriger Prozess hinter die Dinge zu kommen, weil man wahrscheinlich selbst zu dicht an seinem eigenen Problem steht. Da **PRO**-blem aber immer **FÜR mich** steht ist es auch immer ein **Schritt in** Richtung **Weiterentwicklung.**

Dazu kommt, dass dieses Jahr - lt. meiner Numerologie - ein **Jahr** der **Opfer** ist. Hart, einfach hart, wenn man nicht einen tieferen Sinn darin erkennen könnte.

Nun zu meinem ZEICHEN. Zwei meiner "Freundinnen" *(ja gleich zwei auf einen Streich)* haben mich **sehr ent-täuscht.** Ich habe mich jetzt eine Woche so mies gefühlt und alle Gefühle zugelassen. Ich habe fast zwei Tage durchgeweint und versucht los zu lassen. Jedoch kann ich immer noch nicht verstehen, wieso Menschen, denen man nur Gutes tut, für die man stets und ständig zur Stelle ist und und und, einen dann in den Rücken fallen bzw. sich nicht zu einem bekennen können. Ich habe lange mit mir gehadert und mich hinterfragt, warum ich mich von diesen beiden Frauen wieder zurückziehen möchte und **ob es richtig sei.**

Schließlich kann man sich nicht von jedem trennen, der einem mal nicht passt. Aber so ist es ja auch nicht. Nicole ist eine Geschichte für sich und ich habe das Gefühl sie ist mit ihren sechsunddreißig Jahren noch ein kleines Mädchen. Ich denke, ihr Inneres Kind ist sehr verletzt worden. Natürlich wollte sie mir nicht wissentlich weh tun. Ich kann gar nicht richtig beschreiben, wie ich mich gefühlt habe. Ich war einfach nur verletzt und weiß, dass diese beiden Frauen immer nur von mir partizipiert haben, aber ich nur sehr wenig oder auch selten etwas Adäquates mal zurück bekommen habe.

Für mich ist nicht wichtig, mit einem Menschen ständig ein Kaffee-kränzchen abzuhalten und herum zu tratschen – vielleicht manch mal, na klar. Mir war und ist allerdings viel wichtiger, dass Freunde hinter mir stehen, wenn ich sie am nötigsten habe.

Bitte versteht mich nicht falsch, ich weiß sehr wohl, dass ich nichts erwarten sollte. Aber da wäre immer noch mein Gefühl und es heißt ja auch nicht umsonst: *Wenn es verletzt, dann ist es keine Liebe.*

Ich hatte mich also ständig hinterfragt und Zweifel gehegt als ich schließlich meine ENGEL um Mit-Hilfe bat. Ich bat GOTT und die ENGEL um ein deutliches ZEICHEN und dass sie **mir Menschen schicken mögen,** die **"wahre" Freunde** sein wollen, Freunde, die sich mir gegenüber ehrlich und verbunden fühlen wollen, also FREUNDE, die auch hinter mir stehen und auf die ich mich verlassen kann, FREUNDE, die auch mir mal zuhören und nicht nur meine Ohren fast ausschließlich als Mülleimer benutzen. *(Ich bin vom Chinesischen auch ein HUND und das Thema des Hundes ist ja die Freundschaft.)...*

...Und dann am Abend geschah das **WUNDER:** Zuerst habe ich einfach mal so den **Bibelkanal** eingeschaltet. So als Antwortgeber und schon viele gute Antworten erhalten. Aber es waren für mich immer noch Zweifel vorhanden. Wenn ich es mir jetzt so bedenke waren da schon ungefähr eine Woche vorher die ZEICHEN im Außen sichtbar.

Ich habe u.a. einen schönen Bangkirai-Weg durch meinen Garten und genau am Eingang machten sich **lila Glockenblumen** breit, die ich natürlich nicht gepflanzt hatte. Sie fielen nicht nur ins Auge, nein, sie **versperrten** förmlich den Weg. Die Glockenblumen bo-gen sich über den ganzen Weg, als wollten sie mir damit etwas zu verstehen geben, und zwar: *„Pass´ auf und lass deine Grenzen nicht überschreiten".*

Das war eines meiner Lebens-Themen. Denn als ich eines Tages wieder einmal in meinem kleinen Pavillon, meiner kleinen Oase saß und den Vögelchen lauschte, mich also ein wenig von der vie-len geistigen Arbeit erholen wollte stand auf einmal eine Nachbarin vor mir. Ich erschrak förmlich und fühlte mich gestört. Auch hatte ich sie nicht gehört, noch gebeten. Zu der Geschichte muss ich noch anführen, dass ich oft in meinem Gärtchen gestört wurde und mir deshalb schon jegliche Störungen freundlich verboten hatte.

Zu dem Zweck vereinbarte ich mit ihnen, dass wenn ich Rituale in meinem Garten machen oder meditieren oder mich eben einfach einmal nur ausruhen möchte oder aber auch einmal ein Kundengespräch im Garten führe, dann den Vorhang ein Stück zuziehen würde. Es sollte quasi meine Grenze darstellen und das Zeichen für sie, dass ich nicht gestört werden möchte. Aber auch das nützte nicht viel.

Einmal, als ich auf meiner Schaukel lag und ein wenig zu schlafen versuchte, weil ich die vorangegangene Nacht nicht viel Schlaf bekommen hatte, stand plötzlich und unvermittelter Dinge eine andere Nachbarin mit ihrer kleinen Tochter vor mir und fragte mich allen Ernstes, ob denn meine kleine Enkelin nicht da wäre. Sie sah ja, dass ich allein auf meiner Schaukel lag. Ich war so frustriert, dass ich sogar liegen blieb und ihr freundlich klar machte, dass ich alleine bin. So gingen sie schließlich nach gefühlten fünf Minuten wieder. Sicher hat sie es nicht böse gemeint. Aber in diesem Haus schien es wirklich so zu sein, dass jeder nur auf sich selber sah.

Die nächste Nachbarin – sie ist auch eine sehr junge Frau und erst zu uns ins Haus gezogen - kam gleich mit ihren Zigaretten hinterher, als ich mich mit einer Kundin angeregt unterhielt. In meinem Inneren schien es so als müsste ich jeden Moment platzen und ich hatte das starke Gefühl als könnte ich mich nicht mehr unter Kontrolle halten, da besann ich mich dann aber doch, sie freundlich aber bestimmt darauf hin zu weisen, dass wenn jemand mit mir in meinem Pavillon sitzt, ich bitte nicht gestört werden möchte, denn es könnte ja auch immer ein Klient sein. Mir fiel es nicht leicht und mir gingen alle möglichen Dinge vorher durch den Kopf. Aber ich wollte auf mein Gefühl hören und dieses sagte zu mir: *„Mache deine Grenzen klar, sonst übertreten hier bald alle deine.*

Unser kleiner Garten ist wirklich wunderschön und ich kann nur zu gut verstehen, dass es viele zu mir zu einer kleinen Pause zieht. *Aber bitteschön, wo bleibt meine Privatsphäre? Habe ich kein Recht mit mir alleine zu sein?* Zum anderen sagte ich mir, dass es sich doch jeder genau so schön machen könnte. Ok, ich wusste schon, dass das den meisten nicht gefallen würde. Aber ich wollte mir auch wichtig sein. Und ich sagte mir, dass ich anderen nur dann wirklich nützlich sein kann, wenn auch ich meine Reserven wieder auftanke...und sinn-freie Gespräche geben mir leider auch nicht mehr viel. So kam was kommen musste, auch die junge Frau tat ab diesem Moment ein wenig pikiert. Ja stimmt, so macht man sich keine Freunde. Aber auf die kann ich dann auch gut verzichten ;-).

That´s Life, dachte ich, vielleicht versteht sie mich ja später einmal. Schließlich bin ich hier nicht das Kindermädchen oder die Kummerkastentante des Hauses. Zumindest habe ich erkannt, dass es darauf hinausläuft, wenn ich mich dazu machen lasse.

Also waren meine Gefühle wieder in Ordnung. Ich bin über mich hinausgewachsen, ich war mutig, ich war ehrlich und authentisch. Für die Gefühle der anderen kann ich nichts. Hier wäre es ihre Aufgabe gewesen sich selbst einmal zu hinterfragen, um der Wahrheit auf die Spur zu kommen. Leider fühlen sich die meisten Menschen schnell beleidigt oder ihr Ego ist so stark, dass sie meinen immer im Recht sein zu müssen oder das Recht zu haben, andern ihren Willen aufzuzwingen. Aber auch das ist nur die halbe Wahrheit.

Meine Erkenntnis daraus: *Es gibt immer Menschen die* **machen** *und wiederum andere, die (mit sich)* **machen lassen***.*

Dahinter muss man erst einmal kommen. Ich glaube, wenn man dieses „Spiel" durchschaut hat, kann man auch wieder seinem eigenen Weg folgen, anderenfalls wird man **fremdbestimmt** bzw. **lässt sich fremd bestimmen.**
Wir waren also bei den Glockenblumen, die sich über den ganzen Weg bogen. Und wie sollte es auch anders kommen. Eines anderen Tages wollte eine Nachbarin mal wieder zu mir in den Pavillon kommen um eines ihrer vielen Problemchen mit mir zu besprechen oder mal wieder einen Traum gedeutet zu bekommen – so genau weiß ich das gar nicht mehr.

Als sie dann über meinen Weg gehen wollte, blieb sie auf einmal stehen und sagte, das der **Weg versperrt** sei. Ich musste innerlich lachen, weil ich noch so bei mir dachte: *„Mano, wenn du das doch für dich richtig interpretieren könntest."*

Dazu muss ich vielleicht auch noch sagen, dass links neben dem Bangkirai-Weg noch ein Weg mit großen Feldsteinen nach hinten zu unserem Pavillon führt, welcher zudem auch am Zuwachsen war. Stellt Euch bitte vor, dass beide Gartenwege total überwuchert sind.

Schon merkwürdig, denke ich mir jetzt. Ständig habe ich mir gesagt, dass ich diesen Weg von Unkraut befreien will. Aber irgendwie kam immer etwas dazwischen. Mittlerweile habe ich noch ein **drittes Stück Garten** dazu bekommen – wer meinen Zeichen gut verfolgt, wird schnell bemerken, dass auch hier wieder meine **Zahl drei** erscheint. Warum weiß ich allerdings noch nicht. Es ist die Garten-Parzelle von Nicole. Aber das tut erst einmal nichts zur Sache.

Sorry, wenn ich soweit aushole, aber dieser **linke Weg** gehört dann auch noch zu meiner Geschichte. Darauf gehe ich aber etwas später ein. Dieser Weg hat etwas mit Nicole zu tun und gehört zu einem weiteren ZEICHEN.
So, das war aber jetzt sehr weit ausgeholt. Nun aber weiter zu **meinen ZEICHEN** bezüglich **„FREUNDE":** Später am Abend kam mein Lebensgefährte nach Hause und versuchte mich ein bisschen aufzumuntern, weil ich immer noch traurig war. Aber ich war noch nicht soweit und bat ihn mich noch eine Weile alleine zu lassen. Er ging dann noch einmal weg und brachte mir aber vorher schnell noch meine **POST** mit herein.

Es war wieder viel Werbung mit dabei, so dass ich beinahe alles in den Müll geschmissen hätte, da fiel mir dann doch ein etwas dickerer Brief auf vom **St. Josefs INDIANER Hilfswerk e.V.** In einer Klappkarte befand sich eine kleine silberne Kette mit einem **KREUZ**-Anhänger. Es geht um **Lakota** Kinder, die Hilfe brauchen, und **"Lakota"** *(wie könnte es auch anders sein bei einem deutlichen ZEICHEN)* bedeutet: **Freund** und Verbündeter."

Du glaubst gar nicht, was ich für eine Gänsehaut bekam, und da wusste ich, dass ich mich *(erst einmal)* richtig entschieden hatte.

Die eine Nachbarin, nennen wir sie der Einfachheit halber mal wieder B., war auf keinen Fall eine Freundin und schon gar keine Verbündete. Und Nicole hatte auch nicht wirklich hinter mir gestanden, wenn sie es jedoch nicht mit Vorsatz getan hatte.

Um was es konkret dabei ging, spielt an dieser Stelle mal keine große Rolle. Auf einmal war alles so klar. Aber was war mit dem **Kreuz**, fragte ich mich. Ein **Kreuz** deutet auf einen Weg, einen **Schicksals- oder Leidensweg,** hin.

Es geht also gar nicht um diese beiden Frauen primär, wenn ich das jetzt richtig verstehe. Es geht vielmehr darum, zu **unterscheiden**, wer zu mir gehört und wer nicht, deshalb auch das **Jahr des Opfers 2009** für mich.

Aber das wären natürlich nicht meine ENGEL, hätte ich vorher nicht schon zwei ZEICHEN bekommen *(ich bekomme immer DREI - das bin ich, dann ist eine Sache erst rund für mich)* - und somit sind es nun auch wieder **DREI** und dieser Sachverhalt hat somit für mich eine tiefer gehende Bedeutung, denn **alle guten Dinge** sind schließlich **DREI**. Es ist also wieder eine klare BOTSCHAFT.

Nun zu den **ersten beiden Zeichen.** Seit ca. einer Woche höre ich aus der Ferne ein **Didgeridoo.** Auch mein Lebensgefährte hat es gehört, so dass ich mich auch nicht getäuscht haben konnte. Selbst einen Tag danach habe ich es wieder gehört - immer nur ganz kurz - nicht so wie wenn jemand darauf spielen würde - eben nur so kurz, damit ich es hören kann, also als ein **ZEICHEN für mich.**

Ähnlich erging es mir schon einmal vor etwas längerer Zeit im Frühjahr mit einem Glockengeläut, was auch immer nur ein bis zweimal ganz kurz auf eine Frage bzw. als Antwort ertönte. Zumindest kam es mir so vor. Meine Nachbarin hörte es auch, doch glaubte sie an ein banales **Windspiel.**

Warum läutete es aber immer nur so kurz und dann hörte es auf, obwohl der Wind noch ging? Nein, nein, dachte ich, das ist ein ZEICHEN für MICH, deshalb deutet die Nachbarin es anders. Ist ja auch verständlich. Für mich war es wieder ein göttliches ZEICHEN. Was es für andere ist, weiß ich nicht. Mein erster Impuls zählt, denn wie im spirituellen Gesetz des ersten Impulses beschrieben ist, heißt es ja, dass nur der erste Impuls von Wichtigkeit ist, später ist es dann nur unser EGO.

Ok., weiter mit dem nächsten dazu gehörigen ZEICHEN:
Zu diesem ZEICHEN gehört ein **INDIANER**, der in der Nähe meiner Stadt wohnt und dem ich ab und an mal begegne und immer das Gefühl verspüre, ihn ansprechen zu müssen, was ich leider bis jetzt noch nicht tun konnte, weil ich nicht weiß, **wie** ich ihn ansprechen soll bzw. was ich ihn fragen soll. Aber auch darauf werde ich sicher noch eine Antwort erhalten.

Dieser Indianer ist manchmal mit dem Fahrrad unterwegs und er ist anderen noch nie aufgefallen bzw. sehen sie ihn nie oder nur, wenn ich sie auf ihn aufmerksam gemacht habe. Dazu muss ich aber schon noch sagen, dass er auffällt. Er hat ganz lange graue Haare mit einem roten Stirnband, meistens kurze Hosen, auch wenn es sehr kalt ist und trägt beim Fahrrad fahren einen feuerroten Sturzhelm.

Aber wie dem auch sei, ich habe vom ersten Moment an, als er mir das erste Mal begegnete, so was wie ein Band, eine **Verbindung/Verbundenheit** gespürt. Nicht so, wie man meinen könnte. Er interessierte mich als Mann eher weniger. Er hat das typische Aussehen eines Indianers, also auch nicht unbedingt mein Typ. Nein, es war etwas ganz Vertrautes, etwas Unbeschreibliches, fast schon MAGIE ging von ihm aus, eben so als würden wir uns schon ewig kennen.

Zusammenfassend bedeutet das nun, dass ich **DREI ZEICHEN** von **INDIANERN** bekommen habe *(erste Zeichen das Indianer-Hilfswerk, zweites Zeichen das Didgeridoo und drittes Zeichen der Indianer selbst)*. So was kann man doch nicht übersehen oder als Zufall abtun.

Die ZEICHEN sind mich ja schon förmlich angesprungen. Beim **Lakota-Indianervolk** geht es also um "**Freunde** und **Verbündete**". Das war meine Antwort auf meine Zweifel: Meine Reaktion war ehrlich und authentisch. Ich suche wirkliche Verbündete und "wahre" Freundschaft. Ich sehne mich nach spirituell authentischen Menschen.

Eine andere Freundin fragte mich in Bezug auf die anderen beiden Frauen, ob ich nachdem ich nun wüsste, dass ich "mal wieder" **zu viel gegeben** hätte, bei einer neuen Begegnung **wieder 150% geben würde** und ich habe spontan **JA** gesagt, das würde ich immer wieder tun. Ich gebe gern.

*Aber ich frage mich auch, ob es denn nicht auch nur menschlich ist, dass man auch etwas **zurück bekommen** möchte? Warum machte ich es mir nur so schwer? Warum wollte ich einfach nicht sehen, dass **B.** keine wahre Freundin war und im Grunde nur immer zu mir kommt, wenn die Kacke am Dampfen ist?*

Auch dafür habe ich **spontan** gleich die Antwort heute vom **"EN-GEL-PORTAL"** *(eine Internetseite)* postwendend bekommen - mal wieder zum **rechten Zeitpunkt :-)** und zwar heißt es hier: dass mich **Engel Uthael unterstützen** kann, wenn es um **Veränderungen** geht.
Quelle: *www.engel-portal.de*

"Wir leben in einer Zeit großer Veränderungen, heißt es weiter. Alte Wertvorstellungen, Dogmen, Strukturen und Erfahrungen verlieren immer mehr an Bedeutung, da sie mit den Energien der neuen Zeit nicht mehr zusammen passen. Scheiden tut weh - Trennungen und Scheidungen scheinen auf den ersten Blick betrachtet geradezu überhand zu nehmen. Was auf den ersten Blick eine Zeiterscheinung ist, hat auf den zweiten Blick in vielen Fällen mit einer persönlichen Neuorientierung, Veränderung, Weiterentwicklung, Authentizität, Wahrheitsfindung, Wahrhaftigkeit, Ehrlichkeit und Respekt vor sich selbst zu tun."

So sehe ich es auch so. Ich fühle förmlich wie ich immer ehrlicher mir gegenüber werde, was nicht immer zum Vorteil für meine Umwelt ist. Also habe ich die richtige Entscheidung für mich getroffen. Ich würde wieder 150% geben, aber diesmal nicht mehr für alle Menschen, sondern nur noch für die die sich mir verbunden fühlen und hinter mir stehen und auch für meine Leistungen einen Energieausgleich bereit sind zu zahlen. Im Leben sollte man sich entscheiden können und sollte auch immer seine Wahl treffen *(können)*. Wir sind nun einmal in die Dualität hinein geboren und müssen jetzt auch anfangen die Schattenseiten mit zu integrieren.

Das ist mir wohl bekannt und ich arbeite auch viel an mir. Aber **manchmal fehlt** einem ein **guter Freund,** eine **gute Freundin,** die einem dann auch mal wieder auf den Boden der Tatsachen zurückholt, die einem vielleicht auch einmal Trost spendet, die sich eben verbunden fühlt und Mitgefühl zeigt, eben authentisch ist. Mir geht es um Freunde, die mich im Leben ein kleines Stück weiterbringen, die mir nicht zum Mund reden und mit mir fühlen.

Und schon kommt das **nächste ABER**...*Ja, aber sind nicht gerade die* **vermeintlich „BÖSEN"** *die* **besseren ENGEL,** *unsere sog. Arsch-Engel, weil gerade sie ja ihre Schwingungen sehr niedrig halten müssen, um uns erst verletzen zu können, damit wir uns besser erkennen und unsere Schattenseiten besser integrieren können?* - höre ich schon wieder mein EGO schreien.

Na klar. Es ist ja auch wichtig, dass man erkennt, wer einem gut tut und wer eben nicht. Na klar sind sie das, höre ich mich weiter sagen. Und wenn man es erkannt hat, sind sie auch schon wieder befreit und können sich selbst auch weiter entwickeln.deshalb heißt es ja auch Ent-täuschung - der Spuk hat ein Ende – eine Täuschung ist nicht mehr möglich – man hat etwas erkannt/erfahren, ist zu einer Erkenntnis gelangt.

Auf einmal scheint alles wieder so klar. Diese **schmerzliche Erfahrung** ist aber manchmal **nötig** und **wichtig,** damit man sich später wieder daran erinnern kann, wenn einem einmal wieder so ein „falsches" Menschlein begegnet.

Erkenntnis des **Tages:** Deshalb ist für mich das **GEFÜHL** am Entscheidendsten bei der Antwortfindung auf die Frage, ob jemand zu mir passt oder nicht. *Wozu hätten wir sonst so etwas Tolles, wie ein Gefühl wohl bekommen? Ja aber, was haben meine ZEICHEN nun mit* **INDIANERN** *zu tun, frage ich mich weiter?*

Es ist schon der nächste Hinweis auf meinem Weg, fühle ich. Es heißt auch immer in meinen Karten, dass ich Ende des Jahres etwas völlig NEUES tun werde. Leider weiß ich noch nicht recht, was das zu bedeuten hat. Oops, da ist ja wieder meine Ungeduld - schnell wieder weg damit ;-). Ich übe mich ja schon in Geduld. Ich werde es dann wissen, wenn es soweit ist. Ich bin sicher, ich bekomme noch ein ZEICHEN und prompt erhielt ich es heute auch. *(Nochmal zum besseren Verständnis: ein **ZEICHEN** ist es dann für mich, wenn **an darauf folgenden Tagen Entsprechungen** zu **meiner Frage** auftauchen, und zwar **ununterbrochen**.)*

Es geht wieder um eine Spendenaktion vom Förderkreis für die **Schwestern MARIA** für **Kinder** in Not aus den Elendsvierteln. Und meine Karten haben auch immer gezeigt, dass ich **"Kindern" helfen** werde. Zwar wusste ich bis jetzt noch nicht wie. Aber jetzt weiß ich es.

Ich wollte zwar nicht auf solche Zahlscheine reagieren, weil ich lieber in meinem eigenen Umfeld helfen möchte und dann auch genau weiß, wer es bekommt und dass es überhaupt ankommt und sich nicht der ganze Wasserkopf davon mit ernährt.

Ok, aber auch diese Menschen brauchen einen Energieausgleich für ihre Mühen. In diesem Falle sehe ich es ein wenig anders und zwar als Berufung und Aufopferung. Auch sie haben ja die Wahl und offensichtlich diesen Weg als den ihren gewählt.
Aber dennoch habe ich mich ermahnt, nicht so negativ zu denken. Damit gibt man dieser dunklen Energie auch wieder nur noch mehr Macht. Also dachte ich positiv und habe mir aber noch ein kleines Hintertürchen für mich offen gelassen, und zwar habe ich mir gesagt: *„Wenn du in dem ganzen Text (mehrere Seiten über die Kinder) nur einen einzigen Hinweis oder das Wort „**Freundschaft**" oder "**Freund**" liest, dann spendest du, dann gehört es zu (d)einem höheren, göttlichen Plan"*

Da fällt mir doch spontan schon wieder ein, dass ich mich mit meiner Aussage schon wieder begrenze. Ok, ich soll hier nicht spenden. Ich kann auch in meiner Region Kindern helfen! Also möchte ich Kindern nun aus diesem Grunde etwas Gutes tun. Es wird sich schon zeigen, wer meine Hilfe jetzt braucht.

Und was soll ich sagen - **Ihr ahnt** es sicher schon **auf** der **allerletzte Seite dieses Briefes** - ich hatte die Hoffnung schon fast aufgegeben und es hatte auch gar nicht zu dem anderen Text gepasst bzw. hatte ich mich im Stillen schon ein bisschen gefreut, hier nicht auch zu spenden. Da stand es unmissverständlich und wieder so klar, dass ich vor Rührung fast weinen musste! Ich saß nur da und habe mit dem Kopf geschüttelt. Ich zitterte am ganzen Leib. **Unter P.S.** am **Schluss** stand wörtlich *(also wirklich der letzte Zu-Satz):* "Nehmen Sie die beiliegenden Adress- und Schmuckaufkleber als ein ZEICHEN des Dankes für Ihre **Freundschaft** und **Unterstützung!**"

Ein Außenstehender könnte jetzt meinen: *„So ein Shit, das hat doch gar nichts mit ihrem ZEICHEN zu tun."* Und wie es mit meinem ZEICHEN zu tun hat. Da kam ich allerdings das erste Mal wieder ins **Zweifeln,** jedenfalls bei **Nicole.** Sie ist erst sechsunddreißig Jahre und oft noch sehr schüchtern und naiv. Fast schon fühlt es sich für mich nach einer **Prüfung** für uns beide an. Wir haben eine **karmische Beziehung** und waren in einem früheren Leben Mann und Frau und wurden durch einen Autounfall abrupt von einander getrennt.

Bei **B.** hatte sich mein schlechtes Gefühl leider nicht verändert. Unterstützung hatte ich von ihr selten erfahren, jedenfalls nie aus eigenen Stücken. Sie sah schon immer zu, dass sie aus allem einen Vorteil zog. **Nicole** half mir immer, auch uneigennützig. Oft tat sie mir schon ein bisschen leid, dass sie von anderen immer als „kleines Dummchen" hingestellt und verachtet wurde. Aber das war sie nicht, nur etwas schüchtern und vielleicht ein wenig leicht zu beeinflussen. Zumindest sahen sie die anderen oft so.

Sie half mir jedenfalls immer, wenn ich sie darum bat, und das möchte ich nicht vergessen, und das ist es auch, was sie mir so wertvoll machte. Sie überlegt nicht lange, sondern packt einfach mit an. Sie ist auch jemand der für einen energetischen Ausgleich von selber sorgt. Also eigentlich alles in Ordnung.

Ok, vielleicht sollte man ja auch einmal einen Fehler verzeihen und vielleicht hat sie es ja auch ernsthaft bereut gehabt, so wie sie selber sagte. Und wie oben schon gesagt, bei Nicole kam ich noch einmal ins Trudeln.
Also, dachte ich mir wieder, werde ich selbstverständlich spenden und mit Freude, nur wie bleibt mir überlassen! Das Universum hat wohl immer noch ein paar winzige Zweifel (´chen) von mir gespürt und deshalb noch einen drauf gesetzt, und mir so diesen deutli-

chen Hinweis noch geschickt. Hm, meine ENGEL kennen mich aber wirklich genau **:-)))** Ja, mein Thema ist **Freundschaft** und vor allem die Unterstützung und Verbundenheit, beides Attribute, ohne die eine Freundschaft wohl keine wirkliche Freundschaft wäre.

DANKE GOTT, DANKE allen meinen lichtvollen ENGELN, die mir zur Seite gestanden haben und immer zur Seite stehen werden. Ich möchte so viel Liebe zurück geben. Ich habe den beiden Frauen lange **vergeben** - aber vergessen kann und möchte ich es nicht, damit mich später ähnliche Menschlein nicht wieder von meinem Wege abbringen.

Irgendwo habe ich auch einmal gelesen, dass man gar nicht so leicht vergeben sollte, sondern nur dann, wenn es dem anderen wirklich leid tun würde. Macht für mich auch irgendwie Sinn.

Nun noch einmal zu **Nicole.** Ich hatte also so meine Zweifel, ob es richtig war, sie gleich in die Wüste zu schicken und bat also wieder um ein „deutliches ZEICHEN" von meinen ENGELN...

...Und die ließen auch gar nicht lange auf sich warten. Vergangene Woche war Ingelore, eine sehr liebe Freundin und Reiki-Kollegin bei mir und ich erzählte ihr von meinem Kummer. Ingelore hat dazu etwas mehr Abstand, weil sie nicht mit in unserem Haus wohnt. Sie gab mir bei meiner Entscheidung recht, dennoch bat ich sie, es nicht zu versäumen, sie zu bitten, uns später noch einmal etwas ausführlicher über Nicole zu unterhalten. Irgendwie fühlte ich noch etwas für sie.

Zum besseren Verstehen sollte ich vielleicht erwähnen, dass bei Ingelore und mir der Tag achtundvierzig Stunden haben könnte. Bei uns vergeht die Zeit wie im Flug. Wir haben uns immer soviel zu erzählen, wenn wir zusammenkommen, dass wir uns schon gegenseitig darauf hinweisen müssen, wichtige Dinge nicht zu vergessen.

Ok, wir saßen im Garten und unterhielten uns angeregt. Über Nicole haben wir auch gesprochen und ich erzählte ihr von meinem Gefühl und dass es noch nicht „rund" für mich sei; mir fehlte so zu sagen noch mein drittes Zeichen bei ihr. Ich entschuldigte mich auch bei Ingelore, dass der Weg zum Pavillon so verwildert war und dass ich ihn am nächsten Tag in Ordnung bringen wollte, denn nun störte er mich ja auch wirklich. Auf der anderen Garten-Seite waren ja noch die Glockenblumen und die Holzbretter, die den Weg versperrten.

Irgendwann ging ich dann mal ins Haus und machte Kaffee für uns. Als ich zurück kam zupfte Ingelore bereits etwas Unkraut am Weg und rief plötzlich: *„Schau mal hier, was ich gefunden habe? Hast du einen Schlüssel verloren?"*

Und da war **mein drittes ZEICHEN**. Diesen Schlüssel hatte **Nicole** schon Wochen vermisst. Sie war auch immer der Meinung, er würde noch irgendwo bei mir liegen. Aber nachdem wir alles abgesucht hatten – in der Wohnung, im Keller und auf dem Gartentisch, gaben wir die Suche auf und vermuteten, dass sie ihn dann wohl woanders hat liegen lassen. Sie hatte ihn bestimmt in irgend einer Tasche vergraben, dachte ich so bei mir. Ich konnte mir nicht vorstellen, dass sie ihn verloren hatte. Es fühlte sich einfach so an als wäre er noch ganz in der Nähe.

Ich rief Ingelore ganz aufgeregt zu: *„Das ist das ZEICHEN, das ist mein drittes ZEICHEN. Jetzt weiß ich mit Sicherheit, dass Nicole noch eine zweite Chance bekommt."* Irgendwie war ich auch erleichtert. Es fühlte sich richtig an. Nun war es für mich auch rund. Ok, aber wir mussten noch einmal in Ruhe über alles sprechen. Noch am selben Tag bin ich zu ihr gegangen. Sie wohnt nur zwei Stückwerke über mir. Wir haben lange geredet und immer noch fühlte es sich gut für mich an. Jetzt konnte zwischen uns wieder alles gut werden. Davon war ich überzeugt.

Ein paar Jahre später wusste ich aber, dass es nur eine weitere Lektion war bzw. dass wir unsere Lektion noch nicht gelernt hatten. Erst dann konnte ich sie wirklich in Licht und Liebe loslassen.

Was heißt eigentlich loslassen? Das habe ich früher irgendwie nie richtig verstanden. Ganz einfach – es heißt sein-lassen. Es bedeutet also jemanden so SEIN zu lassen wie er ist, und wenn es mir nicht gut tut, eben wieder ziehen zu lassen. *Habe ich das nun endlich richtig verinnerlicht?* Ich hoffe es inständig. Jetzt heißt es wohl von **B. loslassen**, damit wieder neue Menschen in mein Leben treten können. Ich bin zuversichtlich, denn ich weiß, meine Absicht und mein Ziel sind es wert für eine „wahre Freundschaft" zu leben.

In diesem Sinne wünsche ich allen Menschen ihrem eigenen Weg zu folgen und vor allem sich selbst treu zu bleiben.In LICHT und LIEBE für eine hellere und schönere Welt - möget auch Ihr wahre Freunde erkennen.

In diesem Sinne...
Eure Merle ♥

12. TRAUM Vollmonde - Perfekter Zeitpunkt

Ich habe auf ein ganz spezielles und spirituelles ZEICHEN von meinen ENGELN gewartet. Für eine Freundin und ihre Familie suchte ich nach einem perfekten Termin für ein bestimmtes Vergebungs-RItual. DIe ZeIt rückte so langsam auch immer näher, so dass ich schon langsam ein bisschen unruhig wurde, weil ich immer noch kein sichtbares ZEICHEN erhalten hatte. Doch schließlich kam gestern das sehnsüchtig herbeigesehnte ZEICHEN in Form eines besonders schönen spirituellen Traums.

In diesem Traum ging es um wunderschöne **Vollmonde**, die auf wundersame Weise durch den Himmel flogen, einer den anderen überholte, beim nächsten Mond unten durch und dann auch mal oben drüber flogen. Es war ein wunderschönes Spektakel, an das ich mich noch gern erinnere. Aber dann kam noch ein **anderer Ball** ins Spiel. Er prallte gegen einen dieser Monde und dann zur Erde in meine Arme. **Ich fing** so zu sagen **diesen Ball auf.** Ich wusste zwar noch nicht gleich, was es damit auf sich hatte. Aber dann am heutigen Morgen sprang mir die Antwort wieder förmlich ins Gesicht.

Von heute zu morgen ist eine **Mondfinsternis** angesagt. Die **ENGEL** wollten mir damit zu verstehen geben, dass der **Zeitpunkt** nun **perfekt** ist und dass ich das **Ritual durchführen** darf, sie haben so zu sagen den **Ball an mich abgegeben** und **mir** die **Erlaubnis dafür erteilt.**

Nachdem **Burga** nun den Termin auch bestätigt hatte, was auch nicht immer unbedingt üblich oder möglich ist bei meinen Klienten, steht nun dem Ritual auch nichts mehr im Wege und kann einem positiven Abschluss zugeführt werden.

DANKE meinen lieben ENGELN für diesen wunderschönen Traum und die klare Botschaft.

In Licht und Liebe...
Eure Merle ♥

13. Falschen Mondstein-Ring bestellt

Da ich mich nun wieder gezielter mit meiner Traumdeutung beschäftige und meine Träume auch in einem Forum mit deuten lasse, bekam ich von einer Frau den Tipp, mir doch einen Mondstein-Ring anzuschaffen, was mir logisch erschien und was ich somit auch gleich tat. Da ich nächste Woche Geburtstag habe, hatte ich nun auch ein Geburtstagsgeschenk für mich. Da stieß ich auf diese beiden Ringe.

Sie sahen besonders schön aus, waren vollkommen aus Mondstein – dachte ich – und gefielen mir ausgesprochen gut. Ich dachte mir: *„Warum also teure Ringe kaufen, wenn ich diese für nur je elf Euro haben konnte"*, zumal die Zahl elf auch noch meine Namenszahl ist ;-). Die Quintessenz der Elf ist dann die Zwei, was mich dann wohl auch noch veranlasste, mir gleich zwei Ringe zu kaufen.

Alles in allem war das ein ZEICHEN, und ich bestellte mir diese beiden Ringe - ohne mir nochmal genauer die komplette Beschreibung weiter unten durchzulesen. Es stand ja schließlich in der Betreffs- bzw. Angebotszeile ganz groß: **„Mondstein".**

Am Mittwoch bekam ich dann auch recht schnell meine BEIDEN Ringe. Schon beim Auspacken fühlte ich, dass das niemals Mondstein sein konnte, denn diese Ringe fühlten sich künstlich an, eher wie Plastik/Kunststoff. Das machte mich stutzig und ich fragte beim Händler nochmal nach.

Dieser schrieb mir dann: *"...vielen Dank für Ihre Nachricht. Die Ringe bestehen aus keinem Kunststoff. Um das zu bestätigen, können Sie die Ringe mit Feuer überprüfen. Der Kunststoff würde schmelzen. Die Ringe bestehen aus **Opalit**. Das ist ein Stein, der **sehr ähnlich** wie **Mondstein** aussieht."*

Es ist also ein **Opalit-Mondstein,** so wie es in der Beschreibung bei ebay - weiter unten - auch stand. Oben in der Betreffszeile stand nur Mondstein. Etwas weiter unten stand allerdings ganz klar: *„Ring aus **Opalit** - Mondstein, Fingerring,...Wird der Stein in der Sonne hin und her bewegt, entsteht ein zarter Blauschimmer,* *der als Linie über den weißen Stein wandert.* **Esoterische Wirkung: steigert** *die* **Intuition** *und* **Traumerinnerung"**.

Ich war wohl mal wieder zu schnell gewesen, dachte ich noch so bei mir. Allerdings **sollte** es wohl so sein, dachte ich weiter. Also welchen tieferen Sinn ergab das Ganze, fragte ich mich weiter. Ich recherchierte also weiter. Nun allerdings nach dem **Opalith**.

In einem Steine-Forum bestätigte man mir, dass es sich um einen **künstlichen** Stein handeln würde. Na klasse. Ja, genau das hatte ich auch befürchtet. Na ja, nun bin ich eben schlauer. Allerdings schrieb man dort, dass der Opalith auch seine Wirkung hätte. Ok, das beruhigte mich dann doch wieder. Schließlich ging es mir ja in erster Linie um die Traumerinnerungen.

Das Gute allerdings an diesem Malheur war, dass ich nicht mehr an Zufälle glaube und somit diese Geschichte auch noch eine tiefere Bedeutung für mich haben musste und ich aus diesem Grunde diesen Stein bzw. Ring auch behalten werde.

Plötzlich kam mir der Gedanke, mal zu schauen, welchem ENGEL dem Opalith entsprach. Jedem Stein ist ja auch ein ENGEL zugeordnet, so auch dem Opalith. Und da gingen mir schließlich beide Augen *ganz weit auf. Genau dieser ENGEL war eben wieder kein Zufall! Der* **ENGEL** *heißt* **Andon** *und ist ein* **ENGEL der Verbesserung der Genauigkeit.** *Seine Botschaft lautet sinngemäß: „Du bist zu schnell unterwegs ...usw."*

Quelle: http://www.moldavit-engel.de/

Und genau das war in letzter Zeit mein Problem, und so passierten auch noch andere Missgeschicke durch zu schnelles Handeln, wie z.B. an eine falsche Person Geld überweisen. Aber auch da wusste ich schon, das war kein Zufall. Dieser Ring/ENGEL wird mich von nun an immer daran erinnern, dass ich mal wieder etwas langsamer/kürzer treten soll. Alles in allem hatte somit der Stein/ENGEL eine persönliche BOTSCHAFT für mich und zeigte sich so eben auf seine Weise.

Und noch etwas bestätigte mir im Nachhinein dann noch diese Erkenntnis, nämlich ein Forums-Mitglied hatte unter seinen Text folgende Signatur stehen: *„Wir müssen von Zeit zu Zeit eine Rast einlegen und warten, bis unsere Seelen uns wieder eingeholt haben. (Indianische Weisheit)"*. **Ha, ha...**

So, nun sagt selbst, *kann es denn solche bloßen Zufälle geben?* Natürlich nicht. Und es sollte mal wieder noch besser kommen... Wie Ihr gelesen habt, habe ich mir ja gleich **zwei** Ringe gekauft. Also muss es auch **zwei ENGEL** und somit **zwei ENGEL-Botschaften** geben, dachte ich mir und genau so war es auch.

Zum Opalith gibt es noch einen anderen ENGEL, nämlich den ENGEL Darachin – ein ENGEL der Beobachtungsgabe. Seine Botschaft lautet: *„Öffne deinen Intellekt und deinen Verstand. Verschließe dich nicht vor anderen, sondern sieh dir deine Kollegen und Mitmenschen an. Jeder in deiner Umgebung ist wie ein Spiegelbild deines Selbst und lässt dich immer wissen, wo du im Leben stehst. Suche den Kontakt zu anderen und lerne aus ihrem Verhalten, denn nur so bist du in der Lage, ihre Fehler zu erkennen und sie in der Folge selbst nicht zu begehen."*

Quelle: *http://www.moldavit-engel.de/*

Auch das passt wunderbar zu meinem TRAUM-Thema, denn die Personen in unseren Träumen stehen immer stellvertretend für einen anderen Aspekt unseres Selbst.

Ich hatte kurz vorher meinen **Geistführer** um **Führung** gebeten, um mir meinen neuen Weg zu zeigen, der jetzt in meinem NEUEN Zyklus ansteht. Ich habe nun meine Antworten erhalten und bin überglücklich, dieses ZEICHEN als solches wieder erkannt zu haben.

In diesem Sinne...Auch Euch wünsche ich offene Sinne und das Vertrauen, dass immer ein ENGEL an Eurer Seite steht.

In Licht und Liebe…
Eure Merle ♥

14. Die Indianer

Ich habe einer Bekannten als Geburtstagsgeschenk für ihre Freundin ein **Energie-Symbol-Bild mit persönlichem Ur-Symbol** empfohlen. Heute war ich dabei die Ur-Symbole etwas näher zu beschreiben und Beispiele für die Anwendungsmöglichkeiten aufzuschreiben, da fiel mir auf einmal der **Tzolkinkalender** der **Mayas** ins Auge.

Aber was noch viel spannender ist, diese Frau für die ich das Ur-Symbol-Bild malen soll, hat dasselbe Ur-Symbol wie ich. Also beschäftigte ich mich noch einmal etwas genauer mit diesem Symbol. Erst jetzt begriff ich wirklich die dahinter stehende Botschaft.

Ich soll **transformieren**, und zwar Egostrukturen auf der mentalen Ebene. Bingo. In meinen Unterlagen zu diesen Ur-Symbolen von Werner Neuner las ich: *„Wir haben diese Zeitsiegel auf den zweihundertsechzig-tägigen Tzolkin umgelegt."* *„Nach unseren Beobachtungen ändern sich die Zeitqualitäten phasenweise, bestimmte Zeitabschnitte haben ähnliche Zeitqualitäten. Das bedeutet, dass eine gute Darstellung der Zeitqualitäten darin besteht, bestimmten Phasen, die wir Wellen nennen, ein und dasselbe Zeitsiegel zuzuordnen. Konkret sieht das so aus, dass wir die zweihundertsechzig Tage des Tzolkin in zwanzig Wellen zu je dreizehn Tagen unterteilen, so wie dies auch bei den Mayas üblich war."*

Quelle: http://www.neunercode.com/Kalender/Kalender.html

Juli 2009
Und nun kommt es noch besser. Meine Freundin Ingelore kam mich besuchen und wir sprachen wieder sehr viel über unsere ZEICHEN und Weiterentwicklungen und unsere Herausforderungen.

Ich erzählte ihr auch von meinen ZEICHEN bezüglich meiner in Frage gestellten **Freundschaft** mit zwei Frauen und dass ich **dreimal Indianer** als **ZEICHEN** erhalten hätte. Nun fragte ich sie, ob ihr dazu nichts einfallen würde, schließlich gäbe es ja viele Indianerstämme.

Etwas später und in einem ganz anderen Zusammenhang erzählte ich ihr auch, dass ich eine **besondere Affinität** zu dem Buchstaben **Y** hätte und er mir manchmal auf der Stirn erscheinen würde. Da rief sie auf einmal: „Die **Mayas.** Es sind die **Mayas.**"

Bingo. Sie hatte recht. Es fühlte sich sofort richtig und rund für mich an. Es waren wirklich die Mayas. Ok, so weit so gut, aber was wollen sie mir sagen, war wieder meine Frage.

Da sagte Ingelore, dass ihr zu den **Mayas** nur die **schrecklichen** „**Menschen-** und auch **Kindes - Opfer** einfallen.und mir fiel wieder spontan ein, dass dieses Jahr **mein Jahr der Opfer** ist. Gibt's denn so was, dachte ich noch so bei mir. Also war es **richtig, B.** zu **opfern.** Geahnt hatte ich das schon lange, aber ich wollte es nicht wahr haben. Es tat mir dennoch leid um uns. Mir ist eben nicht zu helfen.

In diesem Sinne...
Eure Merle ♥

15. Begegnung unter einer Eiche im Park

Das sind meine **Lieblingseichen,** unter denen ich gerne sitze und lese. Heute war ein herrlicher Sommertag, und ich überlegte mir diesen im Stadtpark unter meiner geliebten Eiche mit Lesen zu verbringen. Also packte ich mein Buch ein und fuhr los.

Vorher hielt ich noch beim Bäcker an und kaufte mir einen Kaffee Latte, natürlich mit Sahne, versteht sich :-). Dieser schöne Tag musste doch gefeiert werden. Zuvor hatte ich aus einem speziellen Grunde meine ENGEL gebeten, mir doch **jemanden zu schicken mit dem ich mich ein wenig unterhalten könne.**

Ich stellte also mein Fahrrad ab und setzte mich unter eine Eiche. Die Luft war mild und nicht zu heiß. Also optimal um mal wieder so richtig abzuschalten und zu entspannen. Innerlich hatte ich ein dermaßen breites Grinsen auf den Lippen, dass das wohl auch ansteckend gewesen sein musste, denn plötzlich stand ein kleiner fremder Junge vor mir und grüßte mich ein paar mal ganz freund-lich. Vielleicht dachte er, dass ich ihn beim ersten mal nicht gehört hätte.

Daraufhin schenkte ich dem Jungen einen von meinen kleinen ENGEL-Handwärmern, die ich extra für kleine Kinder immer in meiner Handtasche habe. Auch wenn es jetzt nicht gerade Winter oder kalt ist – Kinder freuen sich über kleine Engel immer :-).

Der kleine Junge war so stolz darüber und strahlte über das ganze Gesicht. Da fiel mir der wohlbekannte Spruch wieder ein:
„Schenke und Du wirst reich beschenkt".
Eigentlich wollte ich erst ein wenig meditieren. Aber daran war in diesem Moment nicht zu denken. Ich saß nur so da und freute mich über den schönen Tag und das wunderbare Licht. Wie ich anfangs schon erwähnte, hatte ich zuvor ja meine ENGEL gebe-ten, mir **jemanden zu schicken mit dem ich mich unterhalten könne.**

Es dauerte keine fünf Minuten, da kam ein **junger Fahrradfahrer** direkt auf mich zu. Ich sah mich etwas verwirrt um. Auch er grüßte mich besonders freundlich und fragte, ob er sich zu mir setzen dürfte. Ich bekam Gänsehaut.

Also, dass die ENGEL so schnell auf meine Bitte reagieren würden, war selbst mir dann ein bisschen zu crazy. Aber natürlich freute ich mich und willigte selbstverständlich ein. Der junge Mann erklärte mir dann, dass das "eigentlich" SEIN Baum bzw. seine Sonnen-stelle wäre, wo er sonst immer liegen würde, um sich zu sonnen. Natürlich meinte er das nicht so, sondern wollte sich mir so nur erklären.

Wie dem auch sei, wir unterhielten uns stundenlang über dies und das und ich fragte mich innerlich schon, was das noch zu bedeuten habe. Und prompt erhielt ich auch die Antwort. Der junge Mann fragte mich schließlich, ob ich nicht einen guten Rat für ihn hätte, wie er denn den spirituellen Einstieg finden könnte und womit ich denn begonnen hätte. Das war **mein ZEICHEN**.

Ich erklärte ihm meine Sicht der Dinge und lud ihn ein, sich bei mir doch ein paar Einsteigerbücher/-DVDs auszuleihen. An diesem Tag spielte ich ihm die CD *„Eine kleine Seele spricht mit Gott"* vor und so wusste auch er, **warum** wir uns begegnen mussten. Er bekam quasi so seine Antwort auf seine Frage bzw. sein Problem, was er gerade zu lösen versuchte. Ich bot ihm an, ihn mit Rat und Tat zu unterstützen, wenn er Fragen hätte.

Bei einem späteren Besuch erklärte er mir dann, dass er einem Freund von mir erzählt hätte und dass der mich wohl irgendwie kennen würde. Er hätte mich auf einem meiner Vorträge erlebt und würde mich auch gern näher kennenlernen. *„Hm, ist das jetzt die Antwort auf meine Gebete?"*
Immer wieder sehe ich in meinen Karten, dass ich mit jungen Menschen oder Kindern zusammenarbeiten werde und jetzt das. Na, ich bin ja mal gespannt, wo das alles noch hinführt. Auf jeden Fall ist das Führung und Fügung und ich werde ihr folgen :-).

Jetzt wo ich für dieses Buch meine ganzen ZEICHEN zusammensuche, fällt mir bei diesem jungen Mann auch wieder ein, dass eigentlich er der Initialzünder für dieses Buch war. Ich erzählte ihm im Park davon, worauf er sagte: *„Ich kenne so viele Leute, die alle* *schon mal ein Buch schreiben wollten und dabei ist es dann auch geblieben."*

Ich erklärte ihm, dass es nicht so leicht sei, ein Buch zu veröffentlichen und dann hätte ich auch gar nicht das Geld um so ein Buch drucken und verlegen lassen zu können.

Seine Antwort: *„Wenn du wirklich ein Buch schreiben willst, dann schreibe es doch einfach schon mal für dich, und wenn es dann soweit ist, wird sich ein Weg finden oder du hast eben deine Geschichten für dich bereits aufgeschrieben."* Ich dachte nur: *„Das ist sehr weise gesprochen."* Und ich begann nun endlich meine Geschichten zu Papier zu bringen.

In diesem Sinne…
Eure Merle ♥

16. TRAUM - farbige ENGEL in Menschengestalt
Schwäne und ein ZEICHEN meines verst. Mannes

Vor ein paar Tagen hatte ich einen wunder-vollen, unsagbar schönen Traum. Der vergangene Tag war wieder sehr arbeits-intenisiv,
und als ich so gegen 7:00 Uhr aufwachte, beschloss ich, noch ein
wenig weiter zu schlafen. Ich hatte an diesem Tag keine Termine,
und so konnte ich den Tag mal etwas ruhiger angehen lassen.

Dazu muss ich vielleicht wieder anmerken, dass ich vorher meine
ENGEL natürlich wieder um Führung gebeten hatte, weil momentan in meinem Leben soviel Spannendes und auch Schmerzliches
geschieht, ich aber nicht immer weiß, was mir die göttliche Welt
damit sagen möchte.

Auch wünschte ich mir, mit meinem verstorbenen Mann zu sprechen und ein deutliches ZEICHEN von ihm zu bekommen, aber
eben eines, wo ich seine Präsenz vielleicht auch mal sehen könnte. Ich fragte mich aber auch ernsthaft, ob ich ein **guter** Mensch
sei oder doch nur - wie mir kürzlich eine Portalbetreiberin, die
mich für ihr Portal **geworben** hatte, an den Kopf warf, eine
Betrügerin zu sein, nur weil ich in wenigen Fällen auch manchmal
eine Karte **online** aus dem Netz gezogen hatte, eben immer dann,
wenn ich den **Impuls** dazu verspürte.

Es war so grotesk, dass ich wirklich für einen Moment lang an mir
selbst gezweifelt hatte. Mittlerweile sind ganz andere Dinge noch
ans Tageslicht gekommen und ich habe diesem Portal auch wieder den Rücken gekehrt und gekündigt.

Ein bitterer Nachgeschmack war allerdings geblieben und ich habe
seitdem noch nicht wieder die Karten legen können für Leute aus

dem Netz. Und während dessen ich das hier so schreibe, bekomme ich gerade eine Anfrage für´s Kartenlegen. Das ist ein weiteres ZEICHEN und ich fühle mich auch wieder fit genug. Ich spüre schon die Antwort und so ist auch meine Gabe wieder da :-) Hätte ich gleich weiter gemacht, wäre das meinen Klienten gegenüber nur unfair gewesen, denn ich hatte wirklich eine richtig fette Blockade. Auch in meinen eigenen Karten sah ich, dass ich medial blockiert war. Also nahm ich mir eine AUSZEIT und bat wieder um Führung.

Es konnte ja auch sein, dass diese Person recht hat und ich mir nur einbilde, seriös und fair zu arbeiten. Diese Person und ich hatten eine karmische Verbindung und mussten uns auf diesem Wege begegnen. Da führte kein Weg dran vorbei. Sie hat in einem früheren Leben mir auch schon zugesetzt und hätte es jetzt auflösen können. Aber ok, das ist ihr Schicksal. Ihr könntet Euch an dieser Stelle fragen: *„Wieso ist das IHR Schicksal und nicht meines?"* Ganz klar, weil SIE auf mich zugekommen war und mich abgeworben hatte, also hatte **SIE** noch eine Rechnung mit mir offen, welche sie noch zu begleichen hatte.

Ich habe in einem kleinen Ritual dann unser Band durchschnitten und fühle mich seither wieder gut und in meiner vollen Kraft. Ich habe ihr irgendwann vergeben und die Sache auch vergessen. Diese eine zusätzliche Karte aus dem Netz kann natürlich niemals die Antwort auf die Fragen meiner Klienten vollends abdecken, dazu nehme ich dann schon meine Lenormandkarten und andere zu Hilfe oder manchmal brauche ich auch gar nichts, da bekomme ich gleich einen Impuls und weiß die Lösung oder Antwort.

Diese eine Karte beispielsweise aus dem Netz ist oft aber wie ein deutlicher AHA-Effekt oder Fingerzeig für meine Klienten, so zu sagen als Dopplung des vorher Gesagten. Es fungiert wie ein Orakel - einfache Frage - einfache Antwort.

Und nun weiter zu meinem ZEICHEN: Ich schlief also noch einmal fest ein an diesem Morgen und so hatte ich dann diesen rührenden Traum: *„Ich lief durch meine Heimatstadt Görlitz. Es war schön wieder einmal in Görlitz zu sein. Überall liefen Menschen. Ich hatte aber keinen näheren Kontakt mit ihnen. Als ich so lief, sah ich auf einmal am Himmel* **ENGEL** *von* **links** *nach* **rechts** *vor-*

bei fliegen. *Von links nach rechts bedeutet bei mir immer: von der VERGANGENHEIT in die ZUKUNFT. Es war also ein zukunftsweisender Traum!* Es waren **bunte** ENGEL *in Menschengestalt mit wunderschönen riesigen Schwingen. Der eine war rosa, die nächsten fliederfarben, lila, orange, hellblau usw., eben wunderschön in ihrer Vielfalt und vor allem bunt.*

Ich schaute sofort auf die Menschen um mich herum und wunderte mich, warum keiner von ihnen die ENGEL sehen konnte, und so rief ich laut: „Seht doch her und schaut euch die schönen ENGEL an."

Aber irgendwie reagierte oder registrierte niemand meine ENGEL. Ich fing an vor Rührung zu weinen und lief mit hoch erhobenen Armen gen Himmel. Ich war überglücklich, dass ich dieses Bild am Himmel sehen durfte. Ich werde also beschützt und bin von ENGELN umgeben." Ich war so gerührt, dass ich davon **aufwachte**.

Da draußen auf der Straße hatte der Tag schon längst begonnen - die Müllfahrer machten einen Höllenlärm und da ich eh nicht mehr einschlafen konnte oder wollte, aber irgendwie noch gefangen war in diesem wunderschönen Gefühl, bin ich noch ein Weilchen liegen geblieben und habe noch ein bisschen an meine selbstgemalte Wolken-Decke mit ENGEL-Stickern gestarrt.

Ich überlegte, was ich geträumt hatte. Es fiel mir nicht gleich ein Mir kamen erst andere Bilder in den Sinn. Aber ich wusste, diese hatten nicht dieses Gefühl in mir ausgelöst. Ich dachte geweint zu haben und wusste, dass es aber ein schönes, erleichterndes Weinen war und plötzlich sah ich die ENGEL wieder.

Ich begann wieder und diesmal richtig laut zu weinen und zu schluchzen. Ich musste nur weinen vor lauter Rührung, dass sich mir eben meine ENGEL gezeigt hatten. Schließlich bin ich aufgestanden, um mir Frühstück zu machen. Während ich so dasaß und draußen meinen Vögeln beim Futtern zuschaute, fragte ich mich, was mir meine ENGEL wohl mit diesem Traum mitteilen wollten.
Ich war noch richtig benommen und in diesem Gefühl tief drinnen als auf einmal - wieder von **links** nach **rechts** - und diesmal aber **vier** riesengroße **weiße Schwäne** vorbei flogen. Ich saß da und

konnte meinen Augen kaum glauben und begann wieder vor Rührung zu weinen.

Es schien mir so, als wenn alles Alte raus und weg gewaschen müsse, um meine Augen wieder frei zu bekommen. Dann wurde ich wieder klar und begann Eins und Eins zusammenzuzählen. Die **vielen bunten ENGEL** deute ich als Erstes in ihrer Vielfalt, natürlich auch in ihren Farben. Hier ging es allerdings nur um die Botschaft der **Vielfalt** und dass **viele ENGEL mich begleiten.**

Also auch wieder ein Hinweis darauf, dass ich es richtig mache, so wie **ich** arbeite, eben **mehrere** Ebenen immer auch MIT einzubeziehen, und wenn es denn eben mal eine Karte aus dem Netz sein soll, dann ist das auch ok. Ich lege nicht nur Karten, sondern biete im Anschluss immer auch noch Lebenshilfe an und unterm Strich passt dann alles zusammen.

Wie ich bereits sagte bedeutet im Traum eine Bewegung von links nach rechts, dass etwas aus der Vergangenheit in die Zukunft führt. Die ENGEL kamen also aus meiner Vergangenheit, und da sie nach rechts weiterflogen auch den Weg für meine Zukunft zu ebenen.

Ich persönlich rufe in schwierigen Lebenslagen auch mal einen Kollegen an, weil ich dann manchmal eben auch ein Brett vor dem Kopf habe, wenn so viele Emotionen mir im Wege stehen. Aber auch das finde ich legitim und weiß heute auch, dass es die meisten meiner Kollegen und Kolleginnen so handhaben, wenn sie mal für sich gar nicht weiterkommen. Ich denke, es zeigt nur unsere Menschlichkeit und dass noch niemand von uns Menschen vollkommen ist, denn dann wären wir alle Mensch-inen oder wandelnde Götter und keine Menschen mehr – ich meine im weltlichen Sinne. Göttlich sind wir ja immer alle vollkommen :-)
Und schon kommt die nächste Bestätigung. Ich habe mich heute entschieden, weiter zu arbeiten und bekam eben prompt meine erste Anfrage, und während dessen ich die Telefonnummer meiner Klientin wähle und mit ihr zu erzählen beginne, sehe ich auf dem Nachbarhaus einen **Schornsteinfeger.** *Ist das nicht ein **wunderschönes OMEN** für uns beide ?!* Und ich überlegte nur einen kurzen Moment, ob es denn richtig sei, nun für diese Person auch wieder aus dem Netz eine zusätzliche Karte zu ziehen, und mein

Gefühl sagte mir: *„Na klar, jetzt erst recht. Du wirst schon sehen, dass es Sinn macht."*

Und was soll ich Euch sagen, diese Karte und nur diese war das Zünglein an der Waage und hat selbstverständlich wieder einmal gepasst wie der A...auf den Eimer ;-) *Waren das jetzt der **Schornsteinfeger** oder meine **ENGEL?*** Nein, nein ich fühle mich jetzt wieder richtig fit, um weiterzumachen und bin wirklich gestärkt wieder aus dieser negativen Sache heraus gekommen, eben transformiert. Man könnte jetzt auch sagen, die Flugbewegung der ENGEL oder Schwäne von links nach rechts zeigte mir diese Transformation.

Im Traumdeutungsbuch steht zur Symbolik der ENGEL folgender Text: *„ENGEL – sind Wesen, die Sie dazu auffordern, Ihren VERSTAND richtig zu gebrauchen, um den richtigen Weg einzuschlagen. ENGEL sind auch als Vorboten für Glück zu sehen. Von **mehreren** ENGELN umgeben zu sein deutet oft innere Harmonie und Einklang mit der Umwelt an."*

Quelle: *Das Superbuch der Traumdeutung von Andreas Baumgarten*

Ich hab die ENGEL gesehen und verspüre wirklich wieder Harmonie und Einklang mit allem was ist. Ich habe meinen Verstand gebraucht und erkannt, dass MEIN Weg ein anderer ist wie bspw. der eines ANDEREN Menschen. Und das ist gut so. Dann überlegte ich, welche **Botschaft** die **Schwäne** hätten. Laut ENGEL-**Zahlen**-Magie bedeutet die **Zahl Vier** in diesem Kontext: *„ **Die ENGEL sind bei dir. Bitte sie,** dir **Hilfe, Führung** und **Gefühle** der **Liebe** und **Sicherheit** zu vermitteln."*

Quelle: *Doreen Virtue – Die Zahlen der Engel"*

Das klingt schön, und im Grunde weiß ich ja auch, dass sie bei mir sind, wenn ich sie rufe. Also muss ich sie wieder um Führung und Hilfe bitten und um Gefühle der Liebe und Sicherheit. Das tat ich dann auch. Ihr glaubt nicht, was dann alles noch kam.
Über den **Schwan** steht im Traumdeutungslexikon folgender Text: *„Ein **weißer** Schwan versinnbildlicht: * die Fähigkeit, tiefe Gefühle zu empfinden (das war mein Weinen und Schluchzen), * das gute Verhältnis zu sich selbst und seiner Umwelt (ich habe an mich geglaubt*

und der Frau vom Portal vergeben),* geistiges Interesse und Idealismus (ich habe mit dem Kartenlegen weitergemacht). Sehen Sie einen **Schwan fliegen***, könnte ein* **Wunschtraum in Erfüllung gehen.** *Der* **Schwan** *symbolisiert - wie die Wildgans - die* **Seele des Menschen** *und gilt daher als* **göttlicher Vogel.** *"*

Quelle: *www.joakirsoft.de/index.php*

Stimmt auch. Ich bin in der Lage, tiefe Gefühle auszudrücken und habe wieder ein gutes Verhältnis zu mir selbst und meiner Umwelt, bin geistig sehr interessiert, bilde mich selbst weiter und bin wirklich ein **Idealist**, was meine **Arbeit** und meine **Freunde** angeht.

Früher glaubte ich mal, **Idealismus** sei etwas **Negatives**. Heute weiß ich, dass MEINE eigene Sichtweise erst das zu dem macht was es ist, was ich bin :-), und die ENGEL erinnern mich auch mal wieder daran, dass auch ich ein göttliches Wesen bin. DANKE

Da fällt mir auch noch meine **heutige** Tages-**ENGEL-Karte** ein: Ich habe **„Lichtvollen Ahnen"** *(waren ja auch mal Menschen, jetzt Engel – ergo Menschen in Engelgestalt)* gezogen und ihre Botschaft lautete: **„Besinne dich auf deine individuellen Fähigkeiten."**

Quelle: *„Lichtvolle Ahnen" von von Jana Haas*

Na wenn das nicht passt, dass ich gerade heute wieder mit dem Kartenlegen begonnen habe, natürlich auch Dank meiner Klientin, die mich gerade heute darum bat und mir ein wunderschönes Feedback schenkte. Diese Frau werden mir wohl auch MEINE ENGEL geschickt haben – somit ist auch sie ein Erden-Engel ;-). Danke liebe Helga G.

Aber weiter mit dem fortlaufenden ZEICHEN. Ich fasse kurz zusammen: Da waren zum einen mein TRAUM mit den farbigen ENGELN in Menschengestalt und dann im Anschluss am selben Tag die weißen Schwäne.

Weiter geht es mit einem **Lichterkranz** aus **drei Kristall-ENGELN,** Ihr wisst schon, so ein Reigen aus ENGELN und obendrauf ein Schälchen für Duftöl.

Ich wollte Blumen gießen und bin wohl an einem ENGEL hängen geblieben, **da fielen** *(mal wieder)* die **Flügel ab.** Aber so fein säuberlich, dass man denken könnte, jemand hätte sie mit dem Skalpell oder einem Laser abgetrennt.

Sicher könnt Ihr Euch das an dieser Stelle jetzt nicht ganz vorstellen. Vielleicht erinnert Ihr Euch ja an mein achtes ZEICHEN aus diesem Buch über die kaputten Flügel. Ok, dachte ich, das geht jetzt zu weit und ich rief meinen **verstorbenen Mann** mit den Worten an: *„Hör auf, mir wieder die ENGEL runter zu werfen und kaputt zu machen. Ich weiß jetzt, dass Du es bist und Dich mir so zeigen möchtest".*

Dann kam ich aber wieder ins Grübeln und dachte, das bildest du dir hier jetzt alles ein. An diesem Tag war ich so aufgewühlt, dass ich auch nicht fernsehen wollte mit meinem Lebensgefährten. Ich wollte einfach nur zeitig ins Bett und mich über die ENGEL weiterbilden.

Dazu muss ich wieder was vorausschicken zum besseren Verständnis: Im Schlafzimmer habe ich am Fenster einen **beleuchteten Weihnachtsengel** hängen. Er sollte „eigentlich" nur für die Weihnachtszeit dort aufgehängt werden. Dann fand ich das aber nur schade und entschied, dass er immer dort hängen darf, so zu sagen als indirekte Beleuchtung, wenn ich mal im Bett eine Meditations-CD höre oder dergleichen. Die Stimmung ist dann gleich viel schöner :-). Also über dem Fenster leuchtete diese ENGEL-Lichtfigur. Da ich aber im Bett lesen wollte, musste ich parallel dazu noch meine Leselampe anmachen. Irgendwann war ich dann müde genug, um die Leselampe auszuschalten. Da es zu kalt im Schlafzimmer zum Lesen war, hatte ich vorher auch etwas die Heizung angestellt, die ich nun wieder ausschalten wollte.

Ich hüpfte also schnell nochmal aus meinem Bett und wollte nur noch die Heizung ausstellen, da **blitzte** auf einmal die **„ausgeschaltete"** Leselampe auf. Ich stand da, wie vom Donner gerührt und geschüttelt. Ich bekam wieder so eine riesige Gänsehaut und wusste nun sicher, dass es mein verstorbener Mann war, der mir wohl zu verstehen gab, dass er bei mir ist.

Aber was mir im Nachhinein auch noch sehr merkwürdig scheint ist die Tatsache, dass mein jetziger Lebensgefährte ungefähr **DREI** Wochen vorher die DVD-Staffel *„The Ghost Whisperer„* für uns gekauft hatte. Ihr wisst schon, die Episoden mit der hellsichtigen Frau, die die Verstorbenen sehen und sie ins Licht schicken konnte.

Es war der Wunsch meines jetzigen Lebensgefährten, diese Staffel zu kaufen. Ich kannte jede Folge von der Serie und habe, so glaube ich, auch fast keine einzige damals versäumt, so dass ich sie mir nicht unbedingt hätte nochmal anschauen wollen, zumal ich eh nicht der Fernsehschauer bin. Ok, das gehörte anscheinend aber dazu. Hätte ich nämlich **nicht** an dem Vorabend **genau diese Serie** geschaut, wo sich ein Geist ständig an der Elektrizität zu schaffen machte und **Melinda** *(die Hauptdarstellerin)* darauf aufmerksam machte, dass sich so Verstorbene versuchen bemerkbar zu machen, hätte ich womöglich auch nichts damit anzufangen gewusst.

Und es kommt noch besser. Wie gesagt, ich kannte jede Serie von der Staffel. Aber, ich versichere bei allem was mir heilig ist, niemals zuvor habe ich den Namen: **Merle** oder **Merl** als **Abkürzung** für den Namen Melinda in diesem Film vernommen.

Genau an diesem Abend aber lümmelten mein Lebensgefährte und ich so schön müde schon - auf unserer gemütlichen Couch als plötzlich der Mann von Melinda eben diese Melinda **Merle** nannte. Ich schreckte förmlich hoch und sagte ganz aufgeregt zu meinem Lebensgefährten: *„Hast du das jetzt gehört, sie heißt Merle."* Daraufhin sagte er: *„Genau wie Du."*
Fragt nicht was mir da alles durch den Kopf geschossen ist. Ich wusste instinktiv, dass das etwas zu bedeuten haben musste, und dann meine Lampe, die eigentlich aus war und doch von alleine nochmal an ging.

Viele von Euch wissen ja vielleicht, dass **MERLE mein gechannelter Ursprungsname** ist und ich mich im Internet auch so nenne, um dem Namen Energie damit zu geben und somit wieder angeschlossen an mein ALTES Wissen bin.

Und wenn ich schlussendlich die ganzen ZEICHEN zusammennehmen, dann könnte es für mich schon eine tiefer gehende und bedeutendere Botschaft sein, die über das normale Maß hinausgeht. Das allerdings sollte sich erst viele Jahre später noch genau zeigen.

Farbige fliegende ENGEL in Menschengestalt, weiße Schwäne, kaputte Flügel und mein verstorbener Mann.

Wem von Euch fällt dazu eine passende Schlussfolgerung ein?

Ich kenne meine Antwort. Aber ich bin auch auf Eure Deutung gespannt. *Habt Ihr Lust, mir zu helfen bzw. meine Annahme vielleicht zu bestätigen?*

Um was es dabei geht, erfahrt Ihr dann in einem ZEICHEN in meinem zweiten Band – **„Wie ich zwei Seelen ins Licht schickten durfte."**

In diesem Sinne…bleibt schön neugierig :-).

Eure Merle, die etwas andere Kartenlegerin ;-)

17. Blumen-Orakel-Karten und
ein Ausschnitt eines Videos von V. Birkenbihl

Zur Vorgeschichte:

Wie schon in meinem sechzehnten ZEICHEN vorher beschrieben, hatte ich mich bei einem Kartenlege-Portal als spirituelle Lebensberaterin angemeldet und hatte schon nach kurzer Zeit super Bewertungen und eine super Trefferquote.

Ein Gespräch zog sich in die Länge. Jedenfalls hat das wohl einer Klientin dann am Ende nicht gefallen, dass auch meine *(Lebens-)*Zeit ausgeglichen werden musste und bei solchen Lines im Minutentakt abgerechnet wurde. Aber das ist ja den Anrufern hinlänglich bekannt und wird vor jedem Gespräch auch immer mit angesagt - sie haben also immer die Wahl. Sie hat sich dann beschwert und die Betreiberin machte mich dann auch gleich zur Schnecke. Der Ton gefiel mir allerdings überhaupt nicht.

Sie testete mich aber vorher noch einmal. Worum es genau ging, weiß ich nicht mehr. Wie im vorigen ZEICHEN schon beschrieben, ging es wohl darum, dass ich auch einen Hinweis aus dem Internet mit herangezogen hatte, was für mich völlig legitim ist, wenn ich den Impuls dazu bekomme und dabei ein gutes Gefühl habe. Ich mache fast alles immer von meinem Bauchgefühl abhängig und so eben auch diesmal.

Die Betreiberin sah das allerdings anders und warf mir fehlende Kompetenz vor. Das konnte ich nicht auf mir sitzen lassen und wehrte mich natürlich gegen so eine haarsträubende Kritik. Am Ende musste ich sogar noch einen Prozess anstreben, um meinen ausstehenden Lohn von der Line überhaupt zu bekommen, den ich natürlich auch gewann. Seither bin ich geheilt von derartigen Lines. Ich hatte gleich so ein ungutes Gefühl. Aber wer eben nicht auf sein Gefühl hört, der trägt dann eben die Konsequenzen. Manche können nämlich nur schwer, andere Götter neben sich ertragen. Leider ist das in spirituellen Kreisen Gang und Gäbe.

In einem Posting in Facebook schrieb ich einer Bekannten u.a. folgendes: *„Einer Schülerin von mir konnte ich gestern am aktuel-*

*len Beispiel demonstrieren wie es sich anfühlt, wenn etwas im näheren Umfeld **nicht stimmt.**"* Wie Du weißt habe ich immer **Kerzen** an. Daran sehe ich auch sofort, wenn sich bspw. etwas Negatives in meiner Nähe aufhält, etwas, was eben nicht hierher gehört bzw. sich von meiner Energie ernähren möchte *(dazu gehören auch schon negative oder bösartige Gedanken anderer).*

Wie dem auch sei, ich hatte also die Kerzen an und als ich eine Droh-Mail von dieser Portalbetreiberin gerade las, flackerte meine ROTE Kerze mit einem mal wie wild und schoss förmlich in die Höhe. Daraufhin sagte ich mit lauter Stimme und einer bestimmten Handbewegung hinter meine linke Schulter, dass ich Bescheid wüsste. Anschließend habe ich mich bei Erzengel Uriel für seine Warnung bedankt. Daraufhin wurde die **Flamme sofort wieder ruhig** und **klein.**

Wie oft ist es so, dass man leider heute immer noch gegen Windmühlen anrennen muss, weil die Menschen immer wieder ein sichtbares ZEICHEN für die Existenz feinstofflicher Wesen brauchen und auch einfordern. Und das ist auch gut so, denn auch ich zweifle hin und wieder an solchen Tagen an der göttlichen Gerechtigkeit.

So bat ich also vorgestern wieder meinen Führungsengel, Erzengel Gabriel, er möge mir ein sichtbares oder erfahrbares ZEICHEN senden und mir sagen, ob es wirklich MEIN Weg sei, für die Menschen die Karten zu legen.

Wie ja viele von Euch wissen, tat ich mich eh immer schwer, in so einem Portal überhaupt zu arbeiten. Aber ok, das ist nun auch schon wieder Geschichte. Es war eine Erfahrung, nicht mehr und nicht weniger.

Gestern nun hatte ich von meiner lieben Freundin Ingelore Besuch. Wie Ihr nun schon wisst, treffen wir uns jede Woche einmal, um gewisse Dinge zu testen oder gleich zu manifestieren und uns gegenseitig weiterzubilden.

Ich erzählte ihr von meiner schmerzlichen Begegnung und erklärte ihr in diesem Zusammenhang, dass ich mich selbstverständlich auch schon mal *(kommt aber nur und ausschließlich auf diesen, mei-*

nen Impuls in dieser Sekunde an) einer Textzeile aus dem Netz bediene. Ein wunderschönes **Natur-Orakel** *(mit Blumen) aus dem* Netz, welches ich selbst *(noch)* nicht besaß, gibt so viel Hilfestellungen, dass es Frevel wäre, nicht auch mal so eine Botschaft mit einzubeziehen. Wie schon mehrfach betont MIT zu verwenden.

Da wo unsere Aufmerksamkeit hingelenkt wird, das hat für uns auch IMMER eine Bedeutung! Deshalb ist es sehr wichtig, bewusst und aufmerksam sein Leben zu leben und stets auf die ZEICHEN zu achten. Wie gesagt, kommt ganz selten vor und dient ja auch nur **zusätzlichen Informationen** *(so zu sagen als doppelten Hinweis auf ein Problem bzw. um die Synchronizität besser hervorzuheben - wer die gleiche Botschaft doppelt oder gleich dreifach erhält, der kann gar nicht anders als seine Botschaft zu erkennen und vor allem auch anzunehmen...),* dennoch passen auch diese kleinen Hinweise immer zueinander.

Und schon daran könnte man erkennen *(wenn man will),* dass alles EINS ist und natürlich auch immer eine Entsprechung hat *(haben muss),* wenn man geführt wird so wie ich. Ok, Ihr versteht jetzt sicher nicht den Hintergrund, warum ich Euch das so erkläre und bevor noch mehr Verwirrung herrscht, komme ich lieber wieder zum Wesentlichen.

Also meine Freundin und ich saßen in der Küche und unterhielten uns darüber, ob ich mir das nicht alles nur einbilden würde. Dazu muss ich sagen, dass ich für einen Moment wirklich an mir gezweifelt habe und begann die ganze Sache gründlich zu überdenken, ob ich wirklich meine Gabe des Kartenlegens mit den Menschen teilen sollte.

Natürlich lachte sie nur, wie auch alle anderen Freunde von mir. Aber es waren immer noch MEINE Gefühle, die verletzt wurden und so konnte ich einfach nicht abschließen, bis ich mich dann schließlich doch entschied, mich zu verteidigen *(nicht zu rechtfertigen, das ist ein Unterschied!).*

Das Gesetz der Resonanz verlangte einfach nach einer Re-aktion von mir, sonst wäre ich krank geworden. Ich hätte auch beinahe eine Angina bekommen, die ich gerade noch abwenden konnte mit Energiearbeit und dem Erkennen des Hintergrundes. Jede

Krankheit macht sich vorher immer erst in einem Symptom bemerkbar, und wenn wir er-kennen, warum sich jetzt dieses oder jenes Körperteil schlecht anfühlt, dann ist es auch schon wieder geheilt, eben dadurch, dass wir ihm Aufmerksamkeit schenken ;-). Dann gibt es keinen Grund mehr für ein Symptom, sich bemerkbar zu machen. Dann ist seine Aufgabe erledigt.

Wir saßen also so da und ich musste wieder und wieder weinen. Ich konnte mich irgendwie nicht richtig beruhigen und habe meiner Kollegin und Freundin gar nicht richtig zuhören können. Ich war so blockiert, dass ich den Wald vor lauter Bäumen nicht mehr sah.

Ok, ich rief dann auch MEIN Orakel von einer anderen Line an *(eine hellseherische Kollegin)*, weil ich zwar in meinen Karten diesen Konflikt *(also dass mich diese Protalbetreiberin zum einen übers Ohr hauen wollte und zum anderen mein Licht nur schwer ertragen konnte)* wohl habe kommen sehen, aber nicht glauben konnte. Mal wieder typisch für mich. Ich zweifelte an mir selber, anstatt das Geschäftsgebaren dieser Dame zu hinterfragen.

Ich bekam von meinem Orakel auch alles bestätigt. Aber da blieb immer noch mein Gefühl, was dachte: *„Wenn sich meine Freunde alle irren."* Ich weiß, klingt aus meinem Munde so blöd. Aber es ist nun mal die Wahrheit. Ja, diese Person hatte mir wirklich für einen Moment lang jegliche Energie geraubt.

So in meinen Gedanken versunken und immer wieder um Führung bittend, dass mir doch endlich das ZEICHEN offenbart werden möge und weil ich zu ungeduldig war, klingelte es an der Haustür. Die Postfrau brachte mir ein Päckchen.

Zum besseren Verständnis muss ich allerdings noch erwähnen, es war ein **Geburtstags**päckchen von meiner anderen Freundin Franziska, die weggezogen war und mir vor Wochen schon ein Geschenk zu eben diesem Zweck geschickt hatte. Sie war somit mein **Verbindungs-ENGEL**. Sie schickte mir einen edlen **Ring** mit einem **lila Stein**, und ausgerechnet dieser Tag war, numerologisch berechnet, für mich ein **siebener Tag,** der für den GLAUBEN steht und den **Amethysten** *(lila Stein)* als **Initiations**stein hat. Heißt einfach gesagt, dass man an diesem Tag etwas **Lila**farbenes oder einen **lila**farbenen **Stein** bei sich tragen sollte, um in die

Kraft der Tagesenergie *(Glauben in diesem Fall)* zu kommen - ähnlich wie beim Mondkalender, wo man ja auch bestimmte Dinge benutzt.

Damit will ich nur sagen, ich hatte also schon vorher ein sehr wertvolles Geschenk von ihr bekommen . Es war auch eine Verrechnung auf eine Leistung, für die ich von ihr "eigentlich" keine Bezahlung verlangt hatte. Ich konnte also zu diesem Zeitpunkt gar nicht mehr mit einem Geschenk von ihr rechnen und habe es natürlich auch nicht! Ich hatte ja bereits mein Geburtstagsgeschenk von ihr bekommen.

Ich glaubte also, dass das Päckchen von irgendeinem Versandhaus käme. Als ich auf den Absender schaute, bekam ich auf ein mal eine riesige Gänsehaut. Irgendwie wusste ich intuitiv, dass sich jetzt mein **ZEICHEN** offenbaren würde. Und genau so war es.

Meine Freundin Ingelore und ich standen mal wieder für einen Moment wie angewurzelt da und hatten beide Pippi in den Augen - allerdings vor Dankbarkeit und großer Freude.

Franziska hatte mir nämlich ein**"BLUMEN"-Orakelset"** geschickt. *Erkennt Ihr diese wunderbare Synchronizität?* Sie hätte mir genau so gut ein Buch, eine Kette, noch einen Ring   oder weiß der Geier was schicken können. Aber es war **genau das Natur-Orakel** welches ich ab und an mal **im Netz befragt hatte.** Und Franzi wusste absolut nichts davon, sonst wäre es auch nicht so ein deutliches ZEICHEN für mich gewesen. Dann wäre es ja abgesprochen gewesen.

Könnt Ihr die Antwort auf mein ZEICHEN auch schon erkennen?

Meine Freundin Ingelore sagte dann auch gleich: *"Und, hast du nun dein deutliches ZEICHEN?"* Ich antwortete nur: JA und sank auf meinen Stuhl. Ich war so glücklich und hatte spontan meine Kraft wieder. Es war dieser Wink des Schicksals, den ich einfach auch mal wieder brauchte, und **ohne** den ich wahrscheinlich ganz aufgehört hätte mit dem Kartenlegen für andere Menschen. Immer wieder hinterfragte ich die positive Seite dieser Dienstleistung, da sie ja immer noch in unseren Gefilden negativ besetzt bzw. verurteilt wird und somit schaffen es auch von Zeit zu Zeit immer mal wieder Menschen, uns klein zu halten *oder* wollen uns sogar den Mund verbieten.

Warum schreibe ich Euch das alles? Auch das ist eine Art Verarbeitung für mich und gleichzeitig ein Geschenk an Euch meine ENGEL aus unserer ENGEL-Gruppe, die Ihr daraus auch für Euch immer etwas ziehen könnt, wie Ihr mir immer wieder liebevoll bestätigt habt.

Ich werde diese Geschichte auch unter meinen ZEICHEN in der Gruppe veröffentlichen, und möchte damit allen Mut machen, FÜR ihre Sache einzustehen und wenn es sein muss auch dafür zu kämpfen, denn als ich für mich noch das I-Ging und meine KARMA-Karten befragte, war auch dann die Richtung wieder klar.

Es war soo einfach, aber in diesem Moment für mich soo schwer. Damit will ich Euch auch zeigen, dass auch ich nicht perfekt bin, wenn das auch immer viele von Euch glauben mögen. Nein, auch ich habe noch meine Schwächen und muss mich besser schützen vor solchen Angriffen von außen.

Ich hatte meine Sicht selber blockiert. Ich hatte gezweifelt an mir. Das ist so ziemlich das Blödeste was man machen kann, wenn man sich Kontakt mit der geistigen Welt wünscht. Die ENGEL, zumindest meine ;-), kommen nur, wenn ich in meiner Mitte bin oder aber wenn ich sie wirklich dringend brauche.

Die ENGEL kommen nicht, wenn wir sie wollen, aber garantiert wenn wir sie brauchen!

Dafür gibt es keine Entschuldigung, nur Selbstliebe, und dazu gehört eben auch, dass ich nun sicher weiß, dass ich noch andere Schritte einleiten werden muss, ob ich das will oder nicht.
Ich habe mich lange gefragt, warum ausgerechnet jetzt so eine bösartige Person meinen Weg kreuzte. *Was will sie mir spiegeln? Oder war sie gar mein Schatten – also was konnte/wollte ich nicht sehen?* Es war so einfach. Indem ich immer mehr das BÖSE unbewusst auch ver-urteilte, versuchte es sich mir eben gerade deshalb zu zeigen, denn ich zog es unbewusst mit meinen verurteilenden Gedanken ja auch an. Das vermeintlich Böse wollte sich mir so zeigen, damit ich es an-nehmen und in mein System wieder

integrieren konnte, denn wer etwas verdrängt oder nicht annehmen will, der verdrängt es lediglich in seinen Schatten, also in sein Unterbewusstes und von da aus, versucht es sich dann ständig Gehör zu verschaffen. Und wenn es eben damit keinen Erfolg hat, dann zeigt es sich im Außen. Also habe ich meinen „Innerer Richter" somit auf den Plan gerufen und er kam ;-).

Das Böse will auch be-achtet werden und sagen: *„Auch das gehört zu dir, denn du bist ein Mensch, und du wurdest in die DUALITÄT hineingeboren, um auch unterscheiden zu lernen.Und wie könnte man besser erkennen, wer man selber ist? Genau, in dem man sich das Gegenüber genau anschaut, sein Pendant, seine zweite Seite, ohne die die andere Seite nicht vollkommen wäre. Wir machen alle Fehler, deshalb sind wir hier ;-)"*.

Soll heißen: *„Auch wenn ich das lange nicht einsehen konnte/wollte, dass wir immer BEIDES sind, sowohl das Eine als auch das andere, muss ich auch BEIDES als zu mir zugehörig anerkennen, denn wir waren in vielen Leben schon ALLES, sowohl die Heilige Maria als auch der schlimmste Übeltäter."*

Nur weil wir in diesem Leben uns für dieses oder jenes entschieden haben, heißt das nicht, dass wir das andere nicht auch in einem anderen Leben schon waren, und da es ja keine ZEIT gibt *(die haben sich die Menschen nur ausgedacht)* und wir „eigentlich" unsterblich sind, gehört eben auch ALLES zu uns. Und um dem Gesetz der Resonanz zu folgen, müssen/dürfen wir sogar auch mal unsere andere Seite leben und der Re-agierende sein. Anders ausgesprochen sind wir mal Opfer und mal Täter. Selbst der vermeintlich heiligste und erleuchtetste Spirituelle ;-).

Das ist **LEBEN**. Dreht das Wort mal um, dann heißt es **NEBEL**. Wir leben in einem Spiel könnte man sagen oder weben einen TRAUM, und zu einem Spiel gehören immer zwei Gegenspieler, nämlich DU und Dein anderes DU oder anders ausgedrückt: Ich bin Du und Du bist ich und beide sind wir eins. Der Eine agiert also *(Aktion)* und der andere muss re-agieren, damit das Gleichgewicht wieder hergestellt ist. So ist das Spiel oder der TRAUM, den „die Große Mutter" *(Mutter Erde)* für uns gewebt hat. ALLES ist EINS und EINS ist ALLES.

Aber wir wollen nicht wieder zu weit abschweifen. Ich habe es an anderer Stelle auch schon mal erklärt. Wir können nicht immer nur die dumm guten Lämmer sein, wir müssen auch mal unseren inneren Wolf rauslassen und dem Einhalt gebieten, das versucht über uns zu bestimmen. Machen wir das nicht, wird unser innerer Wolf zu einer Bestie. Er verschafft sich Gehör, so oder so. Du entscheidest wie.

Ich habe meine ENGEL oft sagen hören: *„Glaube nicht, dass du mit deinem „Gutmenschgedöns" weiter kommst. Du bist immer Beides, vergiss das nicht. Du musst Verantwortung für dich übernehmen."* Genau, es gibt nicht nur eine Seite der Medaille! Das versucht uns die Esoterikszene zwar zu vermitteln. Aber das ist nicht wahr. Alles hat immer zwei Seiten, immer!

Wenn es zu unserer Lebensaufgabe also gehört, dass wir lernen sollen, für uns zu kämpfen, für uns einzustehen, dann müssen wir das auch tun, sonst tut es ein anderer mit uns. *Versteht Ihr den feinen* **Unterschied?**

Dabei ist nicht gemeint Auge um Auge und Zahn um Zahn, sondern nur darum, sich selbst zu verwirklichen und evtl. zu lernen, sich durchzusetzen. Würden wir an dieser Stelle so tun, als wäre alles in Ordnung, würden wir uns selbst schaden. Denn es gibt kein Paradies außerhalb von uns, sondern immer nur IN uns. Ich kann nur Licht sein, wenn ich auch den Schatten, meinen eigenen Schatten zu mir gehörig anerkenne.

Das Schlimme ist nur, dass diejenigen, die ihren Schatten leben, auch für sich den Anspruch erheben, dass sie im Lichte stehen, was natürlich nur eine Illusion ist, denn LICHT wirft keine Schatten. Und so haben wir dennoch die Wahl - wir können uns mit solchen Menschen auf eine Stufe stellen, dann aber wären wir selbst nicht besser oder wir wählen dennoch den lichtvollen Weg und bleiben unserer Sache treu. In diesem Sinne wünsche ich Dir, liebe Lia und auch allen anderen liebevollen Seelen nie Euer Ziel aus den Augen zu verlieren und Euch niemals von anderen sagen zu lassen, was IHR zu tun oder zu lassen habt. Es ist EUER Leben, bitte vergesst das niemals. Außer Euch gibt es niemanden auf der Erde. Ihr seid ALLES und JEDER. Ihr selbst stellt Eure Inneren Archetypen nach außen, um Euch selbst im anderen zu erkennen.

Darum schaut Euch genau an, wer Euch gegenübersitzt oder gegenübersteht. Dieser Mensch hat immer eine Botschaft für Euch, vielleicht hat er aber auch eine Herausforderung mit im Gepäck ;-).

Und für die Spirituellen unter Euch: Bitte zweifelt niemals Euren einzigartigen Weg, Eure einzigartige Vorgehensweise oder Arbeitsweise an, denn es ist EUERE Einzigartigkeit, mit der IHR der Welt und den Menschen genau die Energie schenkt, die dieser bestimmte Mensch in diesem bestimmten Moment von EUCH und NUR von EUCH braucht, denn sonst wäre er zu jemand anderem geführt worden. *Kapische? ;-)* Wäre es anders, hätte Mutter Natur NICHT so eine VIELFALT erschaffen.

In diesem Zusammenhang fällt mir doch gerade die fantastische **Vera Birkenbihl** wieder ein, und da ich ihr Gesagtes nicht noch einmal wiederholen möchte und es auch nicht besser beschreiben könnte, füge ich hier gleich einen Ausschnitt aus einem ihrer zahlreichen fantastischen **Videos** mit ein. Sie war eine meiner Lehrerinnen auf meinem spirituellen Weg und hat damit auch mir gezeigt, dass es weder gut noch schlecht ist, wenn man sich gerne mitteilt und sein Wissen mit anderen Menschen gern teilen möchte.

In diesem Video geht es darum auszudrücken, wenn uns etwas bei anderen stört, dass es dann immer nur um uns selbst geht, uns selbst be-**trifft** und dass alles immer nur mit unserem eigenen Blickwinkel zu tun hat.

Vera Birkenbihl aus ihrem Video: *„**Was MICH stört, das be-trifft immer NUR MICH selbst"**

*„....d.h. diese Menschen, die mir klar gemacht haben, **ich rede zu viel** - hatte **mit mir gar nix zu tun**. - **NUR mit denen !!!** Das habe ich nur jahrelang nicht gewusst. Ich habe meine Konsequenzen daraus gezogen, wie Sie sehen. **Heute zahlt man mir viel Geld, dass ich rede :-).** Natürlich habe ich mich dann darum gekümmert, auch Inhalte zu haben, das ist klar. Jetzt sagen Sie vielleicht: „Nun, ich bin der **große Schweiger**. Kann ich schlecht einen Beruf draus machen.*

FALSCH! Wofür lässt sich ein Psychiater einhundertachzig Mark/Stunde bezahlen? Dafür dass er schweigt, und dass Sie reden!!! Ich kannte mal einen Psychiater, der hatte im Jahre 1967, ein gewisser Scheppert, ein BUCH geschrieben. Das war, nachdem Burnes BUCH „Games People play - Spiele der Erwachsenen" rauskam, da hat er ein BUCH geschrieben: „Games arnelysts play". Arnelysts waren die Analytiker, nicht die Analysten von Heute, von der Börse!

Und da gab es das „Feder-Kratz-Spiel": Man sitzt als Therapeut HINTER dem Opfer ;-), und ab und zu kratzt man mit der Feder auf dem Papier, damit er weiß, man ist nicht eingeschlafen :-), weil man ja nur zugehört hat. Und, wenn der Patient gesagt hat: „Ja, Herr Doktor, was bedeutet das denn?" hat der Therapeut gesagt: „Ja, was meinen Sie denn, was es bedeutet?" Und dann durfte der wieder weiter reden.

*Wenn Sie also der **große Schweiger** sind, dann gibt es heute einen phänomenalen Beruf mit Zukunft. Finden Sie eine Firma, die begriffen hat, dass Reklamationen ein ganz wertvolles Etwas sind, und besetzen Sie so ein Telefon. Zwei bis drei Fragen. Lassen Sie den Kunden sich auskotzen, möglichst dreimal hintereinander (Geste schlürfen) bis er leer ist. Da braucht man Leute, die dem Kunden nicht auch was erzählen wollen.gleichzeitig. Und die **großen Schweiger** sind die wenigen Leute die zuhören können.*

*Wir **VIEL-Redner** müssen das in jahrelangen Trainings erst lernen :-). Die Schweiger können das schon. D.h. es gibt nichts, was nicht eine Stärke sein könnte!*

*Dann sagt jemand: „Ja, ich **kritisiere** immer, und da sagen immer alle, das ist furchtbar, das nervt alle." Das können Sie auch ohne Ihre Stärke sehen. Was meinen Sie, was ein **Literatur-Kritiker** ist? Oder ein **Kunst-Kritiker**? Oder so ein **Berater** wie ich? Ich gehe in eine Firma rein und sehe in zehn Minuten was die in zehn Jahren für einen Scheiß aufgebaut haben, und dann sage ich ihnen das für viel Geld, weil ich den **kritischen Blick** habe. Das ist was wert, wenn Sie das kanalisieren.*

Also es gibt nicht im Vakuum GUT und SCHLECHT. Es gibt nur immer in Bezug auf auf Programme im Kopf GUT und

SCHLECHT. Und im Notfall ändern Sie das Territorium in dem Sie agieren. Es kann sein, dass etwas was HIER eine Schwäche ist, DORT eine STÄRKE ist. Hier auf der Bühne wäre es außerordentlich schwach, wenn ich hier stehen und schweigen würde. Also, Ihre schlimmste STÄRKE ist in der Regel Teil Ihres genetischen Potentials.

Ein viertes Beispiel dazu: In amerikanischen Seminaren kam regelmäßig raus, bei Damen, als eine der schlimmsten SCHWÄCHEN - es gibt im Amerikanischen den Ausdruck: jemand ist eine jüdischen Mami. Das ist jemand, der wenn jemand sagt, ich gehe jetzt raus sofort sagt: „Ja, setz´ die Mütze auf, es ist kalt draußen. Haste den Schal? Mach´ den Mantel zu.“

Und das ist sehr schön bis der Junge ungefähr acht ist, dann fängt das an den zu nerven und wenn er älter ist und ein Ehemann und alle anderen nervt das auch.

*Das ist dieses immer **SORGEN WOLLEN** und die Leute **BEMUTTERN, BESORGEN** usw.. Sehen Sie, das kann auch ein Teil sein, und wenn diese Menschen freiwillig zweimal in der Woche in ein **Altersheim** gehen und da drei Stunden Leute **bemuttern** und denen die Kissen aufschütteln, die dankbar dafür sind, dann ist der Druck raus und dann müssen sie zu Hause nicht alle bemuttern.*

Also, egal wozu es Sie drängt, irgendwo gibt es eine Plattform, da können Sie das machen, mindestens zweimal die Woche, und dann ist die Luft raus, und dann können Sie ansonsten Ihr Leben besser regeln.“

Quelle: *https://www.youtube.com/watch?v=mWOqO0FveTI*

Alles Liebe für Eure Kraft und dass die Flamme in Eurem Herzen nie erlöschen möge.
Und **last but not least**: Ich erhebe keinen Rechtsanspruch auf das Gesagte und ob MEINE Sichtweise die einzig Richtige ist. Es ist **NUR MEINE Sichtweise** ;-)

In diesem Sinne...
Eure Merle♥

18. **Bachblüten** und der **Sugilith-Stein**

Heute möchte ich gern wieder etwas Spannendes mit Euch teilen, und zwar habe ich gestern Christus-Energie für eine Person gesendet, die große Ängste hatte und sehr von der Meinung anderer abhängig zu sein schien. Sie hatte Null Selbstbewusstsein und war sehr angepasst. Von Selbstliebe keine Spur. Während der Tiefenversenkung sahen wir beide einen ENGEL und das war auch eine Botschaft an mich, dass ich mich mit Ihrem ENGEL verbinden sollte, um eine Botschaft für sie zu empfangen.

Als Erstes zog ich für sie eine **Karte: Gebet** von **Erzengel Michael** *(schließlich hat auch sie nicht zufällig einen ENGEL gesehen.)*: **Bitte heute Abend vor dem Einschlafen beten:** *„Erzengel Michael, bitte komm in meine Träume und* **ersetze ANGST** *durch* **GLAUBEN** *und* **VERTRAUEN**. *Lass mich von* **Kraft, Mut** *und* **Vertrauen** *erfüllt sein.“*

Quelle: Erzengel Michael Orakal von Doreen Virtue

Der Frau hatte ich zusätzlich zwei Bachblüten-Essenzen gegen ihre Ängste empfohlen. **neununddreißig - Rescue Remedy Notfalltropfen.** Das ist eine Essenz, die aus fünf verschiedenen Bach-Blüten zusammengesetzt ist. Sie wirkt beruhigend und stabilisierend bei Panik, Angst, großen seelischen Belastungen, körperlichen und emotionalen Krisen. Sie hilft Körper, Geist und Seele zu harmonisieren und aktiviert die uns innewohnenden Selbstheilungskräfte. UND **siebzehn – Hornbeam**, was u.a. für Freude am Alltag und dem Interesse am Leben steht.

Und dann gab ich ihr meine Bachblüten-Karten in die Hand und ließ sie noch eine persönliche Karte auswählen. Sie fragte mich dann, ob es auch ZWEI sein können. Sie wählte selbst auch nochmal die **Notfalltropfen** als Jokerkarte in der Farbe LILA. Und noch **fünf-Cerato**, was u.a. auch für Klarheit, Intuition, das Selbstbewusstsein, das Erspüren der individuellen Aufgabe für **sich** und das **Kollektiv** und die **Unabhängigkeit** von der **Meinung anderer.** Ihr größtes Thema waren nämlich auch beim Gespräch die Meinung der Anderen und natürlich ihr Selbstbewusstsein. Also wählte sie auch genau, was sie jetzt am nötigsten brauchte ;-).

Vorher empfahl ich ihr noch einen Heilstein, und zwar den Sugilith *(lilafarbener Stein)*, welcher dem Engel Sailiel entspricht - Schutzengel der Realität, den sie um Mut und Kraft in ängstlichen Situationen bitten kann.

Hier auch für Euch das **Online-Bachblüten-Orakel kostenlos:**

<u>Quelle:</u> *http://www.t-a-r-o-t.info/gratis_Bachblueten-Orakel_Bachblueten-Karten_online_legen.htm#Bachblueten-Karten-Orakel*

Als ich nun gerade noch bei der Formatierung meiner Steineaufstellungen war, fand ich noch etwas Interessantes, was diesen Stein angeht: **Sugilith**: *„....Dieser **violette** Stein wird oft auch »**Liebes**kristall« genannt, weil er in uns das wunderbare Gefühl einer sehr reinen Liebe weckt. Ich finde, dass er vollkommen mit der Energie des Erzengel Michael harmoniert."*

Und welche Karte habe ich gestern parallel dazu noch für meine Klientin gezogen ? Es war wieder **Erzengel Michael.** Im Text stand noch: *„...Als ich zum ersten Mal eine Halskette mit einem **Sugilith** trug, hielt ich in Colorado Springs einen Vortrag. Während dieses Vortrags channelte ich den Erzengel Michael, obwohl ich das ursprünglich gar nicht geplant hatte. Sugilith eignet sich wunderbar dafür, unser Kehlkopf-Chakra zu öffnen, sodass wir klarer und mit größerer Autorität sprechen."*

<u>Quelle:</u> *„Die Heilkraft der Engel", S. 10 von Doreen Virute*

Ist das nicht genial? Die Frau **brauchte <u>genau DIESEN</u> Stein,** um endlich auch **ihre Stimme lauter** und somit auch sich in Erscheinung zu bringen. Sie ist ein Mensch, der auch zu schnell nachgibt, ohne zu prüfen, ob das in Ordnung für sie ist. *Erkennt Ihr auch hier wieder die **Synchronizität**?* Natürlich habe auch ich mir diesen wundervollen Begleiter-Stein gekauft ;-). Bestimmt können diese wundervollen Essenzen auch Euch ein wenig über den Berg helfen, wenn Ihr gerade in einer kleinen Krise steckt. Meldet Euch bei mir, wenn Ihr nicht wisst, welche Bachblüte für Euch in einer bestimmten Situation die richtige ist. Dafür habe ich für Euch schon mal diesen Link. Probiert es aus. Nichts geschieht aus bloßem Zufall, und wie Ihr vielleicht von mir schon gelernt habt, ist das Kartenziehen online genau so effektvoll, wie das Ziehen einer Karte

aus einem Stapel. Ihr müsst Euch nur genau auf Eure Frage konzentrieren und vielleicht auch Eure ENGEL um Hilfe dabei bitten.

Bachblüten-Orakel online:
Quelle: *http://www.t-a-r-o-t.info/*

In diesem Sinne…
Eure Merle ♥

19. ROSEN-ENGEL Rosalie

Diese Geschichte teilte ich in einer Facebook-Gruppe: Hallo meine Lieben, heute habe ich Euch wieder eine schöne Geschichte mitgebracht. Wie einige von Euch ja vielleicht wissen, hatten wir uns mit einem schweren Schicksalsschlag auseinanderzusetzen. Worum es dabei ging, möchte ich an dieser Stelle mal außen vor lassen.

In diesem Zusammenhang kauften wir uns einen besonders schönen **ENGEL**. Das Kleid des ENGELS ist mit **Rosen** bestückt und er sieht wunderschön aus.

Ich habe mir in diesem Zuge auch noch einen schönen **ENGEL-Brunnen** für den Garten gekauft und anbei lag eine "**Rote ROSE**" im Päckchen als **nette Geste**. Da wusste ich schon, dass das kein Zufall sein konnte. Aber es geht noch weiter. Vorgestern Abend als ich mal wieder nicht einschlafen konnte, machte ich eine geführte Meditation, in der es darum ging, das Untere Selbst und das Höhere Selbst nach seinem Namen zu befragen. Das Untere Selbst ist gleichzeitig unser Inneres Kind. Als ich also beim **inneren Kind** angelangt war, sah ich vor meinem geistigen Augen ein kleines Mädchen, etwa sieben Jahre alt mit langen blonden lockigen Haaren und als ich sie nach ihrem Namen fragte, hörte ich deutlich und klar den Namen "**ROSALIE**". Es war nicht wie eine Stimme im herkömmlichen Sinne, sondern eher wie ein Gedanke, ein Impuls, der plötzlich da ist.

Beim **höheren Selbst** angekommen wurde ich etwas ungeduldig oder hatte zu hohe Erwartungen und hörte den Namen "**Lakshmi**".
Aber da war ich mir nicht mehr sicher, weil ich merkte, dass ich nach dem Namen regelrecht in meinen Gedächtniskatakomben gesucht hatte. Allerdings habe ich bis dato diesen Namen noch nicht gehört gehabt. Er gehört zur indischen Religion und steht für die **Glücksgöttin**.

Meine Freundin Franziska bestätigte mir dann gestern auch am Telefon, dass es ein indischer Name sei, und das wiederum machte für mich sehr viel Sinn. Liebe ich doch die indische Kultur und deren Weisheitslehrer sehr und vor allem ihre Kleidung - diese wunderschönen bequemen Kaftane.

Irgendwann begann ich dann, mir selbst solche Kaftane für den Garten zu nähen. Ich fühlte mich sofort nach Indien zurückversetzt. Zumindest denke ich, dass ich zu Indien noch eine alte Verbindung habe.

Ok, aber weiter mit der **ROSE** und **ROSALIE**. Ich telefonierte also gestern mit meiner Freundin Franziska, die vor zwei Jahren von hier weggezogen war und zu der ich noch einen guten Kontakt habe. Sie ist mein "Überraschungs-ENGEL" und schickt mir oft eine Kleinigkeit als Dankeschön, wenn ich ihr mal die Karten gelegt oder mal ein ENGEL-Reading mit ihr gemacht hatte. Sie hat ein Händchen für kleine nette Überraschungen.

Diesmal sagte sie, sie hätte wieder einen wunder-schönen ENGEL für mich, den sie gleich abschicken wolle, und weil ich von Haus aus schon sehr neugierig bin -FRAU halt ;-) - fragte ich sie natürlich, wie er denn ausschaut. Daraufhin sagte sie, er hätte **Rosen** in der Hand und am Fußende eine Schale für eine Kerze, die ebenfalls von **Rosen** umsäumt wäre.

Da waren wieder **meine DREI ZEICHEN**, und Ihr wisst ja vielleicht noch, dass ich immer drei Zeichen in Folge bekomme, um nicht gleich wieder zu zweifeln. Tja und dann erzählte ich ihr meine Meditation und wir tauften ihren ENGEL auf **"ROSALIE, die II.".** RO-SALIE, die I. ist **unser erster ENGEL,** den wir uns ja schon vorher gekauft hatten.

Aber es geht noch weiter. Gerade eben bei einem anderen Portal schickt mir eine Bekannte einfach so ein **Foto** von einem **RO-SENENGEL** :-). Und es geht noch weiter. Das hätte ich ja beinahe schon wieder vergessen. Nach dem ich den ENGEL-Brunnen im Garten aufgestellt hatte und noch so überlegte, welche Bedeutung wohl die **rote Rose** hätte, hatte ich den Gedanken, doch meine ENGEL um eine Antwort zu bitten, was ich dann auch tat.

Am nächsten Morgen spazierte **MEIN ORAKEL** *(das ist ein geistig behinderter Mensch, der immer an meinem Schlafzimmerfenster vorbei kommt und meistens laut ein Liedchen singt)* wieder vor meinem

Schlafzimmerfenster vorbei und trällerte wunderschön das Lied: *"Eine ROSE ist erblüht"*. So war der Refrain. Mehr hatte ich nicht verstanden. Ich kenne das Lied auch nicht, und es war auch egal ob ich den Text verstehe oder nicht. Wichtig war, dass eine **Rose** erwähnt wurde.

Also wer mir hier vielleicht weiterhelfen kann mit dem Titel des Liedes, dem wäre ich sehr sehr dankbar. Es war ein fröhliches und beschwingtes Lied.
Ich war mit einem Mal hellwach und so was von angeknipst. Ja, ich saß förmlich senkrecht im Bett und hatte eine Gänsehaut vom kleinen Zeh bis in die höchste Haarspitze. Und dann erinnerte ich mich plötzlich an meinen **"Venus-Code"** bzw. an den **Venus-Schlüssel,** in dem es auch um eine **Rose** geht, *die erblüht.*

Das war **meine BOTSCHAFT!** Ich schaute also sofort in meinen Unterlagen von Werner Neuner über meinen Venus-Code nach: Es ist eine Karte auf dessen Untergrund eine **Rote ROSE auf-blüht.**

Im Text zur Karte stand noch folgendes: *„Liebesfindung - Sich wandelnde Zeiten. Du findest zur reinen Liebe."*

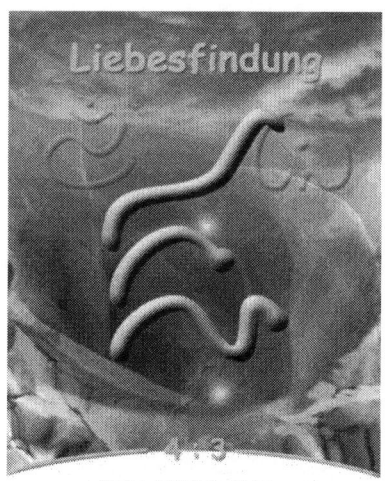

Sich wandelnde Zeiten.
Aufgewühlte Emotionen kommen zur
Ruhe. Gib dich der reinen Liebe hin.

Quelle: http://www.neunercode.com/Venuscode/SelbstBerechnen.html

Zu meinem Venus-Code gehört noch mein **Archetypus: Harmonie** und mein **Begleiter: Die Seherin.**

Die Seherin lehrt mich also das Sehen. Dachte ich´s mir doch. Und ja, ich bin ein harmoniebedürftiger Mensch. Streit ist mir zuwider. Und genau in diesem Moment fiel mir ein, dass ich mich gerade jetzt, laut ENGEL-Reading, von altem Ballast, Menschen und Dingen, die mir nicht *(mehr)* guttun, trenne und fühle, dass ich mich gerade mal wieder in einer Wandlungsphase befinde.

Der **Erzengel Jophiel** bestätigt das und sagt in dem ENGEL-Reading, dass ich mich JETZT von allem Alten verabschieden soll, die Dinge und Menschen in meinem Umfeld reinigen und klären solle also mal so richtig ausmisten. Genau das tue ich im Moment und habe mich gerade wieder von einer alten Bekannten in Liebe getrennt. Ich kann endlich loslassen und zwar ohne Reue.

Sind das jetzt die planetaren Energien, die mir dabei zu Hilfe eilen oder ist es meine Seele, die sich von Ballast endlich befreien will? Ich weiß es nicht. Meine Freundin und ich haben uns ausgesprochen, zusammen geweint und beide angefangen loszulassen. Ich fühlte, dass es nicht mehr passt für mich, dass es sich wiedermal wie eine Einbahnstraße anfühlte und ich immer mehr Energie dadurch verliere. Das nenne ich Selbstliebe, und genau darum geht es auch in meiner Lebensaufgabe, mich wieder mehr auf mich selbst zu besinnen und meinen Selbstwert zu bestimmen. Nachdem ich mich dieses Mal getrennt habe und diese Trennung von den ENGELN habe absegnen lassen, sprich nachgefragt hatte, ob es denn **richtig sei, diese Person zu verabschieden,** tat es gar nicht mehr so weh wie die anderen Male zuvor, als ich noch monatelang den Menschen mental hinterher geweint hatte.

Allerdings fiel es mir auch nicht so leicht, wie es jetzt vielleicht erscheinen möge. Aber eben viel leichter wie die Male zuvor. Dieses Jahr ist ein heftiges Jahr für mich und ich fühle, dass ich so langsam wieder in meine Kraft komme.

Viel zu lange habe ich Personen mitgeschleppt, die mir „eigentlich" nicht gut taten und viel zu oft habe ich schnell wieder nachgegeben. Zwar auch vergeben. Aber eben nur vom Kopf her. Meine Seele wollte etwas anderes, sie wollte sich verwirklichen, indem sie u.a. Grenzen setzen lernt. Das habe ich immer wieder übersehen/überhört, MICH übersehen.

Und wie könnte es anders sein, bekam ich genau im passenden Moment noch einen Link von Sabrina D. über ein Channeling *„Warum ist es so schwer, Grenzen zu setzen?"*, denn genau diese Frage stellte ich mir: *„Warum mache ich es mir nur so schwer? Andere Menschen können es doch auch ganz easy, dich aus ihrem Leben zu streichen."* Diese junge Frau, Sabrina D., antwortete kurz und knapp auf die Frage: *„Weil man dem anderen nicht wehtun möchte!"* Genau das ist es, dachte ich. Genau das ist mein Problem. Mein Lebensgefährte konnte nicht verstehen, warum ich mich so schwer damit tat, meiner Freundin die Dinge so zu erklären wie sie nun einmal waren und fragte mich als er sah, dass mein Hals zuging und es mir wirklich nicht gut ging: „Wovor hast du denn solche Angst? *Er sagte, es ginge mir schlecht, weil ich nicht wüsste wie ich mich richtig ausdrücken solle und was diese Person dann von mir denken würde bzw. wie sie sich dann fühlen würde.*

Nein, rief ich gleich, das ist es nicht. Das ist mir jetzt auch egal. Aber ich bin hellfühlig und als Hellfühlige und emphatische Person fühle ich nun einmal wie sich der andere fühlt und das tut mir eben mit weh. Aber hauptsächlich suche ich nach einer Lösung, dem anderen eben NICHT wehtun zu müssen. Das ist wohl eine Illusion, denn wenn der andere was lernen soll, muss es erst einmal ein bisschen weh tun, sonst ändern sich die Menschen nicht. Das habe ich jetzt kapiert. Am liebsten will ich immer allen alles recht machen. Das funktioniert so aber nicht.

Ich wollte es aber noch mal genauer wissen und lacht jetzt nicht. Ich befragte das **„Gummibärchen-Orakel"** *(online)* und habe eine ein-eindeutige und passende Antwort auch hier auf meine gestellte Frage erhalten: Also meine Frage lautete mal wieder: *„Habe ich es richtig gemacht, bezüglich der Trennung von XY und indem ich ihr meine ganze Wahrheit gesagt habe?"*

Gezogen hatte ich: **ein rotes, ein weißes, zwei grüne** und **ein orangenes** Bärchen. Diese Bärchen stehen für: **NACHGIEBIGKEIT, DEUTLICHKEIT, CHARME**

Orakeltext:

„Haben Sie zufällig eine Nachbarin, der Sie immer was aus dem Supermarkt mitbringen sollen? Oder einen Freund, den Sie zur Hauptverkehrszeit zu seiner Autowerkstatt bringen und auf den Sie deshalb sauer sind? Haben Sie einen Chef, für den Sie Überstunden machen, während andere froh nach Hause gehen und den Sie dafür hassen? Oder haben Sie sich auf irgendeinen Posten hieven lassen, den Sie gar nicht wollten?"

Bei dieser Freundin und mir war es eher so, dass ich diejenige war, die sie mit nach OBEN hieven wollte und habe für uns beide immer alles ausgearbeitet, um uns dann, wenn wir uns trafen, über diverse spirituellen Dinge austauschen konnten. Von ihr kam nichts mehr. Sie ließ es sich gut gehen in meinem Dunstkreis. Dann bat ich sie einmal, auch etwas für uns auszuarbeiten und mitzubringen, was sie leider nie schaffte, weil sie immer Wichtigeres zu tun hatte. Sie traf sich jeden Tag mit einer anderen Bekannten und ich fühlte mich oft als fünftes Rad am Wagen oder eben als eine schöne Schublade, die man nach Bedarf öffnen und wieder schließen konnte. *„Bitteschön"*, dachte ich, *„auch gut, mach ich eben alles wieder allein. Aber jetzt bitteschön auch nur noch für mich. Ich will schließlich niemanden zwangsbeglücken oder missionieren. Das liegt mir fern. Vielleicht geht es ja auch nur um mich?! Und sie will mir nur spiegeln, dass ich alleine weitermachen soll?*

Weiter im **Orakeltext**:

„Irgendetwas von dieser Sorte haben Sie. Weil zwei grüne Bärchen bedeuten: Sie sagen häufig JA, obwohl Sie eigentlich NEIN meinen. Es fällt Ihnen schwer, eine Gefälligkeit abzulehnen, die eigentlich eine Zumutung ist. Und Sie trösten sich damit, dass Sie gütig, liebenswürdig und hilfsbereit sind. Während Sie insgeheim mit den Leuten hadern. So. Damit ist jetzt Schluss.

So was von auf den Punkt getroffen, dass ich mal wieder Gänsehaut bekam und wusste, dass ich alles richtig gemacht hatte. *Warum sah ich das nur nicht?* Nein, nein, ich sah es schon. Ich **wollte** es **nicht** sehen und daher kam dann auch mein hoher Blutdruck, der sich jetzt übrigens wieder im Normbereich befindet. Also denkt vielleicht auch einmal darüber nach, WARUM Ihr Euch vielleicht auch unter Druck setzt/setzen lasst und sich Euer Körper auf der Körperebene dann eben mit hohem Blutdruck meldet.

Weiter im **Orakeltext**:
*„Der **verständliche Wunsch,** dass alle Sie **mögen,** führt lediglich dazu, dass **niemand** Sie **respektiert.** „Und Sie haben schon gemerkt, dass Sie auf die Tour kein Selbstwertgefühl entwickeln, keine Ausstrahlung, keine Persönlichkeit."*

Genau so habe ich mich gefühlt, nämlich als Depp der Nation. Aber damit ist jetzt wirklich Schluss. Das habe ich nochmal gebraucht, um mich selbst wieder mehr zu spüren.

Weiter im **Orakeltext**:
*„Aber nun haben Sie eine wundertätige Kombination gezogen. **Rot** ist das Comingout Ihres Mutes und Ihrer Zivilcourage. Sie setzen Grenzen. Sie lehnen Zumutungen ab. Sie wagen, NEIN zu sagen. Am Telefon. An der Haustür. Im Schuhgeschäft, nachdem der Verkäufer sich eine Stunde lang bemüht hat. Hier steht es noch einmal „GRENZEN setzen".*

Genau wie in dem Channeling. Also ein deutliches Zeichen darauf, dass es genau so ist und ich dies wirklich endlich lernen muss. Das nennt man Synchronizität.

Weiter im **Orakeltext**:
*„**Weiß**: Sie werden sich dabei auf Ihre Intuition verlassen können. Ihre innere Stimme wird immer deutlicher vernehmbar. „*

So war es, meine innere Stimme wurde immer lauter und lauter und es gab kein Zurück mehr. Ich war fest entschlossen, diese Farce zu beenden.

Weiter im **Orakeltext**:
*„Und **Orange:** Sie werden das alles auch noch auf heitere und charmante Weise tun können. Ohne sich für Ihre Absage zu rechtfertigen. Sie machen so etwas nicht. Schluss."*

Ich habe das Gespräch zwischen uns so liebevoll wie möglich gestaltet. Ja, und als sie sagte, sie kann dieses oder jenes nicht und sie ist momentan viel lieber alleine im Garten und will gar nichts

machen, da habe ich nur mit einem zwinkernden Auge zu ihr gesagt: *„Na dann ist doch alles chic. Dann hast du ja in Zukunft mehr
Zeit für die vielen anderen Verpflichtungen. Du hast mir gezeigt,
dass es auch alleine gehen kann und dafür bin ich dir sehr dank
bar."* Das meinte ich auch genau so wie ich es sagte, ohne irgendeinen Hinterton.

Weiter im **Orakeltext**:

*„Ach, übrigens, da Sie so charmant sind. Können Sie uns mal an-
rufen? Wir wollen Sie nur um eine Gefälligkeit bitten. Orakel vom
Freitag,.....11:22 Uhr"*

Quelle: *www.gummibaerchen-orakel.ch*

*Na, sagt selbst, könnten meine ZEICHEN noch deutlicher und ge-
nauer sein?* Und das alles von einem „zu-fällig" gezogenen Orakel
im Internet, unfassbar oder?

An diesem Beispiel könnt Ihr gut erkennen, dass es egal ist, was
Ihr als Orakel wählt, ob eine Person, die Euch eine Botschaft
überbringen soll oder eine Karte aus einem Kartendeck selbst zu
ziehen oder ziehen zu lassen oder ob Ihr das auch mal online
macht. Wichtig ist nur, dass Ihr Euch wirklich auf Eure Frage dabei
konzentriert und Eurer Intuition vertraut.

Und wie könnte es anders sein, mein „Blauer Faden" *(Blau und
nicht Rot, weil ich BLAU liebe und es meinem Element entspricht ;-)*
spann sich weiter und immer weiter. Als ich noch ein bisschen weiter darüber nachdachte, wie passend diese ganzen ZEICHEN
doch wieder für mich sind und am Ende wirklich auch einen Sinn
ergeben, kam **noch ein Channeling** von einer Bekannten bei mir
an, einem Channeling über **Vergebung,** auch von Sabrina D., und
da geht es darum, dass man **zuerst seiner Seele vergeben**
muss.

Ok, das habe ich schnell nachgeholt und wahrscheinlich geht es
mir deshalb auch so gut und ich trauere meiner Freundin nun auch
nicht mehr weiter nach. Ich habe mir **meine Verlustängste** angeschaut, die damit verbunden waren und so auch erlöst.

Ich kann es förmlich spüren wie Ihr jetzt Eure Augenbrauen und Eure Mundwinkel verzieht. *Ihr müsst schmunzeln über so viel Naivität?* Na dann passt auf, dass Euch das irgendwann mal nicht genau so ergeht wie mir. NEIN-sagen muss man auch erst einmal lernen, und wenn man sehr dominante Eltern als Kind hatte und oft um Liebe buhlen musste oder gar Angst vor ihren Re-aktionen hatte, dann hat man eben eher das JA-sagen gelernt, um ja nicht anzuecken. Dann fällt es einem eben im Erwachsenenalter schwer, sich auf einmal anders zu behaupten, schließlich hatte man es ja anders gelernt und dachte, dass es so richtig war.

Wer sein INNERES Kind heilen will, der muss sich erst einmal selbst vergeben, dann auf die Reset-Taste drücken und nochmal neu starten.

In diesem Sinne... Lebt EUER Leben und nicht das der anderen.
Eure Merle ♥

20. TRAUM - DREI Pakete
Norbert mit goldenem Kaftan, Heilige Drei Könige

Ich habe heute Morgen so etwas wirklich Exorbitantes erlebt, dass ich darüber noch etwas nachsinnen musste, was ich dann auch den ganzen Tag getan habe. Es war ein TRAUM, aber was für eine Botschaft und dazu dann wieder die passende Synchronizität, einfach unglaublich.

Es geht um die **Heiligen Drei Könige**. Ich bin noch am Recherchieren. Aber was ich Euch schon verraten kann ist, dass es heute darauf ankommt, sich für dieses Jahr etwas von **Balthasar** zu **wünschen**. Ihr sollt es auf einen weißen Zettel schreiben und diesen dann zweimal falten und an einen Ort legen, wo ihr immer wieder daran erinnert werdet.

Ich schreibe meinen nachher auch gleich. Der Mond ist schon ziemlich voll. Also wieder ein hervorragender Zeitpunkt für ein Ritual. Und dann höre ich heute noch, dass ich u.a. die **Aufgabe einer Magierin** in diesem Leben haben soll. Ich muss das wirklich alles erst einmal sacken lassen.

Zwei TRÄUME am 06.01.

Im **ersten Traum** hatte eine **Ärztin irgendetwas an mir gemessen,** und im **zweiten Traum** ging es um **DREI Pakete, die Heiligen DREI Könige** und dass **mein verstorbener Mann Norbert in einem goldenem Kaftan** erschienen war.

Erster TRAUM: *Ich war zu einer Untersuchung bei einer Ärztin, die wohl den ganzen Tag dauern sollte und immer wieder mal irgendetwas an mir gemessen wurde. Als ich auf irgendeinem Gerät stand sagte die Ärztin irgendwie so etwas wie: „Das sind siebzehntausend. Das ist zu viel, das müssen wir beobachten." Ich sagte mir dann: „Das kriegen wir hin."*

Kurz bevor ich aufwachte, hat es richtig in meinem Körper **gezittert**. Ich hatte das Gefühl, ein Panzer fährt durch meinen Körper. Sorry, besser kann ich es wirklich nicht erklären. Man könnte auch sagen, es ruckte wie bei einem Erdbeben oder wie wenn jemand unter dem Bett mit einem Presslufthammer arbeitet. So ein merkwürdiges Gefühl hatte ich bisher noch nie. Ich bekam plötzlich Angst und stand kurz auf, um meine Blutdrucktablette einzunehmen und legte mich dann wieder hin. Ich machte meine ENGEL-Atmung und lies Heilenergie über meine Hände fließen.

Ich bat meine ENGEL, Jesus Christus und meinen verstorbenen Mann um ein **sichtbares ZEICHEN**, was ich allerdings erst einmal nicht erhielt. Im Halbdusel sagte ich mir, dass mein Kanal ein anderer ist und ich wohl kein sichtbares ZEICHEN bekommen würde, weil ja bei mir die Hellfühligkeit und das Hellwissen aktiviert sind. Mit diesen Gedanken schlief ich wieder ein und träumte noch einmal.

FAZIT: Es werden sich irgendwelche Hoffnungen von mir erfüllen - aber ich soll auch mehr auf meine Gesundheit achten und dabei auch meine Seele mit einbeziehen. **Warnung:** Ich soll mich nicht überfordern und brauche jetzt Geduld.

Zweiter TRAUM: DREI Pakete, mein verstorbener Mann mit goldenem Kaftan und die Heiligen DREI Könige

Quelle: *www.schule-und-familie.de/malvorlagen/weihnachten/malvorlage-krippe-koenige.html*

Wie schon erwähnt, bat ich meine ENGEL, Jesus Christus und meinen verstorbenen Mann um ein sichtbares ZEICHEN ihrer Gegenwart

„Mein verstorbener Mann Norbert war im Traum wieder mein Ehemann. Er ging im Traum aus dem Haus und ich etwas später hinterher. Ich sah mich, schwer atmend, unseren kleinen Ziech (schmaler Weg) *nach oben gehen. Der Weg ist beschwerlich und*

steil. Aber ich gehe ihn. Am Rande des Weges fällt mir ein Mann auf, der einen Augenblick später wieder blitzschnell verschwunden war. Kurz vorher dachte ich noch: „Nimm dich zusammen, das ist ja peinlich, so den Berg hoch zu japsen. Es war aber sehr merkwürdig, dass dieser Mann einfach so wieder verschwand. Es schien fast so als hätte er sich dorthin gebeamt und verschwand dann wieder. Dann kamen mir noch weitere Personen entgegen. Jetzt sah ich auf einmal das **zweite Gesicht** *dieser Personen, was auch immer wieder verschwand. Das* **zweite Gesicht** *zeigte sich nur in einem Bruchteil von Sekunden und dann nahm es wieder sein ursprüngliches Aussehen an."*

Mein Gedanke dazu: Ich erkannte mit einem Mal im realen Leben wirklich klar und deutlich die Illusion hinter der Fassade der Menschen.

„Schließlich kam mir noch eine junge Frau entgegen. Sie lächelte mich an und grüßte freundlich, und auch hier sah ich wieder ihr zweites Gesicht, was blitzschnell wieder verschwand. Ich kann es gar nicht richtig in Worte kleiden.Aber es war wie im Film, wenn Momentaufnahmen entstehen oder jemand verzaubert wird.

Mein Gedanke dazu: Ich sollte auf meine Intuition achten und auf die sogenannte Scheinheiligkeit hinter einem Lächeln achten. Ich soll mich nicht vom schönen Schein blenden lassen.

„Ich ging also den Weg nach oben und war glücklich, dass ich es geschafft hatte, und bevor ich wieder nach Hause ging, wollte ich noch die Post aus unserem Briefkasten holen und sah in diesem Moment zu unserem Briefkasten rüber. Er quoll schon über, so voll war er mit Post und Zeitungen.

Als ich ihn öffnete, **verwandelte** *er sich plötzlich in eine* **Kofferraumtür**. *Mein verstorbener Mann stand jetzt mit noch einem Mann neben unserem Auto. Im Kofferraum waren* **DREI Pakete**. *Eines davon sah so aus, als hätten wir es eingepackt gehabt, und mein Mann sollte es wohl zur Post bringen. Und dann standen da* **noch zwei Pakete**, *welche mein Mann wohl von der Post mitgebracht hatte."*

Pakete im Traum = **Geschenke**

Meine Version dazu: Gebe und **Dir wird gegeben** bzw. das was Du gibst, bekommst Du jetzt vielfach zurück.

*„Ich fragte ihn dann, was in den Paketen denn drin sei. Aber er lächelte nur und auch der andere Mann sagte irgendwie so was wie, dass das nicht verraten würde. Beim Zuschlagen der Kofferraumtür sagte ich noch zu meinem Mann: „Pass´ auf, mein Blusenzipfel steckt noch in der Tür." Er öffnete nochmal die Tür und wir gingen anschließend fest umschlungen nach Hause. Ich wollte natürlich immer noch wissen, was sich in diesem Paket befindet. Aber mein Mann lächelte immer nur und wollte es mir nicht verraten. Plötzlich stand mein Mann im Flur und hatte einen wunderschönen bestickten goldenen, ein wenig ins oliv gehenden Kaftan oder Sari (langer Gehrock mit Stehkragen) und die passende goldfarbene Hose dazu an. Sein Hemd war **blau**.*

*Ich fragte meinen Mann, wohin er - so chic - gehen wolle und er antwortete wieder lächelnd: zum Fußball. Er hielt irgendwelche Unterlagen vom Betrieb oder ähnliches in der Hand. Plötzlich schimpfte ich und sagte zu ihm, dass ich ihm das nicht glauben würde. So zog er sich doch noch nie zum Training an, so overdressed. Aber er lächelte immer noch und tat so als würde er die Wohnung verlassen. Ich ging dann in die Küche und weinte. Auf dem Tisch stand eine angeschnittene Sahnetorte. Plötzlich stand er hinter mir und umarmte mich und lächelte mich wieder an. Diesmal wies er auf einen **Zettel**, den er mir hingelegt hatte und frage mich, ob ich denn nicht wüsste, was HEUTE für ein besonderer Tag sei. (Es war der 06.01.= **Heilige DREI Könige**)"* Ich wusste es im Traum allerdings nicht.

Eigentlich wollte ich noch weiter träumen. Aber die Pakete aus dem Traum erinnerten mich auch daran, dass ich heute eines geliefert bekommen könnte, da ich schon die Ankündigung von der Post per Mail bekommen hatte, und dass es dann besser wäre, wenn ich aufstehen würde.

Ich stand also auf, und als Erstes schrieb ich erst einmal meinen Traum auf. So hatte ich noch fast alle Einzelheiten im Kopf und würde nichts vergessen. An diesem Tag bekam ich wirklich **ZWEI Pakete** geliefert. Wenig später lese ich die Nachrichten in meinem E-Mail-Postfach. Ich hatte Grußkarten bekommen, in denen es um die **Drei Könige** ging. Hm, also die DREI Könige. *Was hat das zu bedeuten?*

„Die Heilgen Drei Könige bringen **Geschenke***. Sie reiten in einem* **großen Umzug** *durch Barcelona und verteilen dann in der Nacht* **schwarze Kohle** *oder kleine* **Geschenke** *an die Kinder, je nachdem, ob sie brav waren oder nicht. Meistens kann man ihnen bei ihrem Ritt durch die Stadt noch einen* **Wunschzettel** *zustecken. Wenn die Heiligen DREI Könige einen Halt machen, dürfen sich die Kinder auch auf ihren Schoss setzen und ihrem Lieblingskönig ins Ohr flüstern, was sie sich dieses Jahr wünschen. In Italien gibt es ebenfalls heute Nacht Geschenke. Allerdings nicht von den Königen, sondern von der Hexe Befana. In Deutschland kennt man die Tradition der Sternsinger. Hier gibt es keine Geschenke, dafür gehen als Könige verkleidete Kinder von Tür zu Tür und sammeln Geld für die Kirche. In Frankreich feiert man Epiphanie und in englischsprachigen Ländern the Twelth Day. In Frankreich gibt es am 6. Januar einen ganz ähnlichen* **Kuchen** *(in* **meinem Traum** *ist es* **Sahnetorte***) wie hier in Spanien der* **Königskuchen.**

Myrrhe, Weihrauch und Gold bringen Caspar, Melchior und Balthasar – die drei Weisen aus dem Morgenlande. Der Stern steht für den von Bethlehem, die Kreuze für die Dreifaltigkeit - Vaters, Sohnes und Heiliger Geist.“

Quelle: *Www.Heureka.kulando.de/post/2008/12/16/weihnachten-in-italien-und-die-hexe-befana*

Der **erste TRAUM** zeigt also, dass sich irgendwelche **Hoffnungen** von mir **erfüllen** werden, und dass ich mehr auf meine **Gesundheit** achten und dabei auch meine **Seele** mit einbeziehen sollte. Ich soll mich also nicht überfordern und brauche noch etwas Geduld. Es wird sich vielleicht meine Hoffnung erfüllen, die Menschen besser zu erkennen, ihr **zweites Gesicht**, ihre **Schatten**seiten klar und deutlich zu sehen.

Da der Traum sehr aufregend für mich war und ich Angst hatte, mein Wunschdenken da hinein zu interpretieren bat ich ein paar Tage später meine liebe Facebook-Freundin und Traumdeutungsexpertin Elisabeth Große um ihre Sichtweise.

Elisabeth schreibt folgendes dazu: *„Dazu passt auch Dein zweiter TRAUM. Dein Weg ist anstrengend für Dich, aber er wird zum Erfolg führen, wenn Du nicht nachlässt in Deinen Anstrengungen und Bemühungen. Manche Dinge sind nicht das, was sie scheinen (die 2. Gesichter), Du kannst aber erkennen, was sich in ihnen verbirgt (Ich kann quasi hinter die Fassade schauen.). Auch Menschen zeigen sich oft anders, als sie wirklich sind, doch Du hast die GABE, dies zu erkennen. Du recherchierst sorgfältig, bist ein gründlicher Mensch und hast viel Kraft und Energie, die du zielgerichtet einsetzen kannst. Das somit erworbene Wissen kann man als ein schönes Geschenk für Dich bezeichnen, weil es dich weiterbringen wird, und Du wirst mehr (zurück) erhalten, als Du gibst. Eine freudige Überraschung wartet auf Dich, wenn du bereit bist, sie zu empfangen. Aber noch bist Du innerlich dazu nicht ganz bereit, Du bist zu ungeduldig und vielleicht auch zu angespannt. Bald wirst Du aber Erleichterung erhalten, alles wird sich zeigen, wenn es an der Zeit ist und Du kannst dich dann über Dein „Geschenk" freuen. So, das war nun meine Interpretation deines Traums, vielleicht kannst du damit was anfangen? Deine Recherchen über die Heiligen Drei Könige sind sehr interessant! VLG Elisabeth „*

Wenn ich mir heute nach etlichen Jahren nun dieses ZEICHEN nochmal genauer betrachte, so muss ich sagen, dass alles genau so eingetreten ist. **Ich habe meine GABE zurück**, fühle und sehe sehr schnell, was die Menschen wirklich bewegt, aber vor allem, sehe ich, wenn sie nicht die Wahrheit sprechen oder mir etwas vorzumachen versuchen. Meine Analysen treffen auch meistens ins Schwarze. Aber das größte Geschenk was mir die geistige Welt gemacht hat war, dass meine Klienten **immer** im Nachhinein auch noch eine Bestätigung in Form von Synchronizität für das was ich ihnen vorher gesagt hatte bekommen, so als Zeichen dafür, dass sie meinen Worten 100%ig vertrauen können. Gerade gestern erst hatte ich ein Gespräch mit einer anderen Facebook-Freundin, einer Astrologin. In unserem Gespräch ging es um **Zielsetzung**, Energie und Kraft.

Auf der Seite von **nametests** wurde das Reiki-Symbol gepostet und daraufhin schrieb sie mir folgendes: *„Die **Synchronisität**!!! Heute Morgen haben wir erst über Zielsetzung und Energie gesprochen. Und jetzt guck auf die Seite von Charlie! Das **Reiki**!!! Sollte das Symbol überhaupt veröffentlicht werden???"*

Dazu sollte ich vielleicht kurz erklären, dass in Facebook immer mal wieder solche **Internet-Tests** gepostet werden, wie beispielsweise: *Wie siehst du als Katze aus oder wie viele Kinder wirst du mal haben usw..* Es ist oft auch nur lustig *(https://de.nametests.com).*

In Charlie´s Test stand folgendes: *„Welches antike Symbol beschreibt Dein Leben? Antwort:* Reiki-Symbol **CHO KU REI – Symbol für Kraft.** *„In Japan verwenden Heiler dieses Symbol der Kraft, um die Energien des Universums zu bündeln. Auch Du hast die Fähigkeit, Deine Energien auf eine Sache zu konzentrieren. Wenn Du Dir erst einmal ein Ziel gesetzt hast, kann Dich nur sehr wenig davon abbringen. Nutze Dein Durchhaltevermögen und Du wirst sehr erfolgreich sein!"*

Ihr seht, es geht immer um die **Synchronizität.** Wenn Ihr mal Zweifel habt und nicht wisst, ob Ihr einer Person vertrauen könnt bzw. der Quelle oder dem Kanal vertrauen könnt, von der die Botschaft gerade kommt, dann bittet doch auch mal um ein ZEICHEN. Ihr werdet sehen, dass auch Ihr ZEICHEN von Euren ENGELN erhaltet :-).

In diesem Sinne...Habt Vertrauen in die geistige Welt!
Eure Merle ♥

21. Lakshmi – Glücksgöttin

Ich sitze hier vor meinem Computer und zappe so ein bisschen umher. Neben mir liegen noch weiter zu formatierende Schriftstücke und Zettelwirtschaft, die ich ein bisschen zu ordnen versuche. Zwischendurch war ich schnell nochmal bei Facebook und Werkennt-wen-de. Und gelange mal wieder zu Youtube. Zeitgleich, und ich betone ausdrücklich zeitgleich öffne ich ein Video über eine Meditation zur Öffnung des Dritten Auges von Avatar Paramahamsa Nithyananda.

Genau an der Stelle als er sinngemäß sagt: *„...Lakshmi ist die Glücksgöttin, die uns hilft, wenn wir acht Stunden arbeiten..."* wird plötzlich meine Aufmerksamkeit ganz unvermittelt neben einen Stapel Zettel gelenkt und ich lese gerade wörtlich auf dem obersten Zettel mein Geschreibsel zu meiner letzten Chakren-Ausarbeitung für einen Vortrag: Mittelfinger - Solarplexus - Hinterkopf - **Lakshmi**.

Ich erwachte sofort aus meinem Halbdusel und war überglücklich. Aber das war noch nicht alles. Ich hörte dem Avatar weiter zu und driftete wieder ab und wieder wurde meine Aufmerksamkeit „umgelenkt", und zwar diesmal auf eine **Karte** von **Lakshmi** vor mir auf meinem Schreibtisch. Da bekam ich dann doch Gänsehaut, denn in diesem Moment war mir gar nicht bewusst, dass ich diese Karte dort stehen hatte. Auf dieser Karte stand: *„Leuchtende Zukunft - Sorge dich nicht. Alles wird gut".*

Diese Karte hatte übrigens nichts mit der Ausarbeitung zu diesem oben erwähnten Vortrag zu tun! Sie lag einfach nur da.

Meine DREI ZEICHEN – alles wird gut – Das Glück ist auf meiner Seite :-). Dazu muss ich noch etwas Wichtiges erwähnen, und zwar, dass ich vor kurzem erst eine Kollegin fragte, was sie davon halten würde, dass ich den **Namen Lakshmi** während einer kleinen Innenschau hörte, als ich nach dem Namen meines höheren Selbstes fragte. Sie sagte zwar, dass das höhere Selbst keinen Namen hätte und damit war es für mich auch gut. Dann heute das. *Glaubt jemand, dass dies ein ZU-Fall war und dann gleich DREI Mal unmittelbar hintereinander?* Ganz sicher nicht.

Also bleibt schön wachsam und achtsam und vor allem hört auf, anderen mehr Glauben zu schenken als Euch selbst ;-). Ich mache das nun gewiss nicht mehr ;-).

In diesem Sinne...
Eure Merle ♥

22. Ephrisene u.Tali, Blume des Lebens, GOTT Thoth

ACHTUNG, bei diesem ZEICHEN müsst Ihr sehr aufmerksam und konzentriert lesen. Ich hoffe, dass Ihr den Sinn dieses ZEICHENS auch erkennen könnt. Wenn Ihr anfangs nicht richtig durchsteigen solltet, dann seid Euch gewiss, dass es mir genau so ergangen ist.

Die Namen meiner Mitspieler in meinem Theater habe ich durch Anfangsbuchstaben oder erfundene Namen ersetzt, um ihre Privatsphäre zu schützen. Etwaige Ähnlichkeiten mit bestimmten Personen sind von daher eher ausgeschlossen.

Ich kämpfe schon wieder mit den Tränen. Ich fühle, dass irgend etwas geschehen wird, und wenn ich mir mal so dieses „besondere" Datum und deren Quintessenz wieder anschaue und MEINE Sieben *(meine Lebensweg-Zahl)* wiederfinde, dann weiß ich auch, dass es mal wieder kein Zufall ist, dass ich mich heute und gerade jetzt dazu entschlossen habe, alles aufzuschreiben.

Am Sonntag, dem 26.01.**2012** erhielt ich von Tali eine Mail vom 10.01.**2011** - man beachte die **JAHRES-**Zahl **2011**!

Heute schreiben wir das Jahr **2012**, es ist der **26.01.**! Die 2011 hatte ich **vollkommen überlesen** und dachte, es wäre der 10.01.2012. Vom **10.01.** bis zum **26.01.** als ich dann diesen Mail-Anhang von ihr las, vergingen genau **sechzehn Tage**, also die Quintessenz **Sieben**. Die Quintessenz errechnet man, indem man alle Zahlen zusammenzählt 10.01.2012 = 1+1+2+1+2=7.

In dieser Mail schickte sie mir das Buch von Eph. zum Lesen. Es war ein Channeling. Ich hatte erst keine Lust, sie zu öffnen, entschied mich dann aber doch anders. Aber lest selbst.

Was war das? Eine fehlgeleitete Mail? Zu dem Zeitpunkt kannte ich **Tali** noch gar nicht! So etwas Ähnliches ist mir mit Franzi auch schon mal passiert, und wenn so was passiert, dann hat es immer eine besondere Bedeutung. Eben dieser Zahlendreher oder wie immer wir es nenne wollen, soll uns wach machen und mahnt uns, besonders aufmerksam zu sein! Ich weiß immer noch nicht wo ich anfangen soll.

Also versuche ich es mal beim Anfang ;-). Um es gleich vorweg zu nehmen, ich bekam die Antwort, die ich so lange schon von GOTT erhofft hatte. Immer wieder stellte ich mir die gleichen Fragen und bekam nie eine klare Antwort darauf, bis heute, am 26.01.2012.

„Heute endlich erhielt ich nun doch die lang ersehnte Antwort von GOTT" so schrieb ich es schon mal im vorab meiner Facebook-Freundin Tali in einer Mail. Es war also so, dass ich diese Mail schon einige Tage in meinem Postfach hatte.

Ich hatte sie auch kurz geöffnet, dann aber wieder weggeklickt, weil wohl andere Dinge an diesem Tag wichtiger gewesen waren. Ich weiß es nicht mehr so genau. Ich weiß nur noch mit Sicherheit, dass ich so bei mir dachte: *„Ach, schon wieder ein **Channeling (Ephrisenes Buch)** von irgendwem und dann auch noch wieder ungefragt an mich versendet. Was denken sich diese Menschen?Warum schicken sie ausgerechnet MIR diese Botschaften? Bei mir rennen sie doch offene Türen ein. Ich GLAUBE doch. Warum also bitteschön schickt man MIR das?"*

Mit diesen Gedanken schloss ich also diese Mail wieder. Löschte sie aber noch nicht, in der weisen Voraussicht, sie später irgendwann einmal doch in Ruhe zu lesen. Das alleine war schon merkwürdig genug. Normalerweise fliegen derartige Mails bei mir sofort in den Papierkorb. Diesmal war es allerdings ganz anders. Ich kann es immer noch nicht so recht fassen.

Dann schrieb ich Tali am **25.01.2012** folgende Mail: *„...Liebe **Tali**, vielleicht wunderst Du Dich jetzt über meine Antwort. Keine Ahnung warum gerade jetzt oder vielleicht doch. Aber wo anfangen. Jetzt sitze ich hier und musste weinen als ich das **Buch** (ebook) von **Ephrisene** bzw. von **IHM** (SOLON=GOTT) nun doch endlich gelesen hatte.*

Irgendwas treibt mich mal wieder an meinen PC. Ich ordne mein Postfach, obwohl ich eigentlich gar keine Zeit dazu habe! Ich sitze sogar noch mit nassen Haaren hier vor der Kiste und eigentlich hätte ich sie erst trocken föhnen sollen. Ich friere, aber irgendwas zog mich JETZT hierher an den PC." Ich fing also an, meinen PC zu ordnen, Mails zu löschen usw. und kam so wieder an Deinen

*Tagebucheintrag mit dem Buch-Link zu Ephrisenes Buch. Im ersten Moment kam mir das plötzlich alles spanisch vor und meine Aufmerksamkeit wurde aus irgendeinem Grund auf das Datum gelenkt, darauf, auf welches Datum DU Deinen Tagebucheintrag ursprünglich datiert hattest, und es war der 10.01.2011. Die 2011 hatte ich also **vollkommen überlesen** und dachte, es wäre der 10.01.2012. Ok, jetzt ist es irrelevant, da ja schon 2011 das besondere Datum war.*

Warum hast Du mir eigentlich die Mail jetzt erst nach einem Jahr geschickt, frage ich mich gerade?

Ok, dann las ich also den Text erst einmal. Übrigens Ephrisene hatte ich in Facebook über Tali kennengelernt. Ephrisene hatte, wie sie selbst behauptete, den Auftrag von der Geistigen Welt, mich zu kontaktieren. Rekrutieren wäre wohl eher der richtigere Ausdruck gewesen. So fing eigentlich alles an und dass ich von Anfang an so ein merkwürdiges Gefühl bei Ephrisene hatte.

Tali schrieb mir, dass sie bei SOLON arbeiten würde, und ich fragte mich, was sie damit meinen würde, und was ich damit zu tun hätte. Wie gesagt, ich hatte irgendwie ein merkwürdiges Gefühl. Aber weiter.

Ich schrieb Tali weiter in meiner Mail:
„Du schreibst, dass Du auf Ephrisenes Posting in Facebook geantwortet hattest und jetzt verstehen würdest, warum Du bei SOLON arbeiten würdest."

Ephrisenes Posting, auf welches **Tali** geantwortet hatte lautete folgendermaßen: *„Die Meldungen, die an meiner Pinnwand von mir gepostet wurden können **nur FREUNDE** sehen, die auf **meiner SOLONISTRA-Liste** stehen. Und auch nur diese erhalten diese Meldung. Ich hoffe das stimmt! Meldet Euch mal! Ihr seid 8! Also 8 Rückmeldungen wären nicht schlecht. Ich muss dieses System begreifen lernen. Helft mir bitte dabei! DANKE".*

Darauf schrieb **Ephrisene Dir** dann diese Nachricht: *„DAS WAS ICH JETZT SCHREIBE KOMMT DIREKT VON GOTT: Andrea, ICH bin es, der mit DIR spricht. Ich habe Ephrisene zu DIR ge-*

führt, *weil ich weiß,* **DU willst MICH mehr in DEINEM Leben spüren.** *Ephrisene wird DIR dabei helfen. Ruf sie an!* SOLON"

Aaaah, **Tali** war in dieser Gruppe also **Andrea**. Ich verstehe es aber immer noch nicht. *Was meint sie damit, dass sie* **bei SOLON** *arbeitet?*

Tali antwortete mir u.a. daraufhin folgendes:
Heute Morgen rief ich sie (Ephrisene) an und sie erzählte mir, dass SOLON (GOTT) ihr gesagt hätte, sie solle mich anklicken. GOTT wählte einige Menschen aus und Ephrisene meinte, es könnten auch noch mehr werden. SOLON (GOTT) sagte ihr, dass diese ausgewählten Menschen offene Herzen hätten.

Sie erzählte mir, wie sie vor Jahren alle Gedanken und ihr Ego verlor. Es wäre sehr anstrengend gewesen, sich wieder zu orientieren ohne Gedanken. Eines Tages sprach dann wieder eine Stimme zu ihr und Ephrisene dachte, dass ihr Ego zurückgekommen sei. Ich musste sehr lachen, als ich das hörte.

Die Stimme sagte, dass sie nicht ihr Ego sei und sie fragte, wer sie denn dann sei. Das ABSOLUTE, GOTT, aber GOTT ist ein behaftetes Wort, deshalb das **ABSOLUTE – ABSOLON – SOLON.**„

Letztere Namen wurden gemeinsam mit GOTT abgekürzt in SOLON. *Sie wisse, dass es kaum zu glauben sei, was ihr geschehen war. Auch sie hatte sich oft gefragt, ob es möglich sei. Seit zehn Jahren hätte sie MS und könne nur mit dem kleinen Finger tippen, aber es ginge ihr von Tag zu Tag in jeder Hinsicht besser und es sei eigentlich keine richtige MS.*

SOLON hat **ihr gesagt,** *dass* **sie** *(Ephrisene)* **METATRON** *sei, der* **höchste Engel GOTTES** *und dass* **sie** *sich in einer* **Transformation** *befinden würde."*

Daraufhin antwortete **ich** Tali wieder zurück:

*„***SOLON** *ist demnach das* **Absolute***, also* **GOTT***, wenn ich das richtig verstanden habe? Oder verstehe ich da gerade etwas falsch? Auf der anderen Seite schreibst Du im nächsten Satz, dass „verstehen" etwas übertrieben wäre, Du wüsstest nicht, warum Du*

das einfach bestätigt hast und es wohl für Dich ein ZEICHEN gewesen wäre. Irgendwie raffe ich das gerade nicht. Wenn Du **nicht weißt, warum** Du **Ephrisenes Posting bestätigt** hast, wie kannst Du dann bei **SOLON,** also bei **GOTT** arbeiten?" Sicher habe ich irgend etwas nicht richtig verstanden oder nur eine Info-Lücke."

Ich las weiter und wurde irgendwie unruhig bzw. spürte, dass jetzt irgend etwas für mich in der Mail kommen würde. Keine Ahnung warum.

„Jetzt erkenne ich schon mal eine Parallele zu Dir. SOLON will durch Ephrisene auch zu MIR sprechen bzw. Ephrisene soll es tun, denn auch ich wünsche mir nichts sehnlicher als direkten Kontakt zu GOTT zu bekommen. Ich will nicht undankbar sein, denn ich bekomme schon auch meine ZEICHEN und TRÄUME, die ich auch zu deuten verstehe - mal selbst und mal mit Hilfe meiner lieben Facebook-Freundin Elisabeth Große.

*Aber manchmal wünsche ich mir einfach den **Kontakt noch etwas direkter** und fragte mich, ob ich mir das alles nur einbilde, weil ich mir das so sehr wünsche, und weiter fragte ich mich, ob ich wohl ein offenes Herz hätte oder ob ich mir das vielleicht auch nur vorgaukeln würde, weil es mein Wunschdenken sei. Immer gelingt es mir freilich nicht, da will sich dann mein EGO dazwischen mogeln und dann bin ich traurig, warum ich es wieder nicht geschafft habe, diesem oder jenen nur mit bloßer Liebe zu begegnen. Ich hatte böse Gedanken über einige Menschen und verurteilte mich dafür. Das erkannte ich aber schnell und vergab mir dann auch wieder selbst.*

Dennoch kam immer wieder mein EGO zum Vorschein, ob es in Träumen war oder aber in Form meiner Gedanken, die ich Menschen gegenüber hatte, die augenscheinlich nicht in der Liebe waren. In diesem Momenten fragte ich mich natürlich wieder, ob sie mir etwas spiegeln wollten, eben dass auch ich nicht in der Liebe war. Und so drehte sich alles nur noch in meinem Kopf. Genau in diesem Moment kam nun Deine Mail und wie Ephrisene alle Gedanken und ihr EGO verlor. Auch fällt es mir schwer, mich in der Meditation nur auf den Atem zu konzentrieren, weil ständig meine Gedanken wiederkommen. Auch darauf erhielt ich nun hier eine Antwort. Das war schon komisch."

Aber es sollte noch deutlicher kommen. Ich bat wieder um ein klares und deutliches ZEICHEN, eben ein ZEICHEN, was dieses mal wirklich deutlich sein möge, so dass auch ich die Botschaft klar erkennen und kapieren kann.

*„Liebe **Tali, Du** schriebst in Deiner Mail weiter: Jetzt, wo ich das niederschreibe, frage ich mich, wie viele Menschen daran **zwei feln** werden. Bei mir kam kein Zweifel auf, denn Ephrisene. spricht eine sehr klare Sprache und mein Herz zog sich NICHT ein einziges Mal zusammen.*

*Sie **(Ephrisene)** erzählte weiter, dass **SOLON** (GOTT) ihr eines Tages sagte, sie solle ins Facebook gehen, aber sie wollte eigentlich nicht und sagte, das sei doch nur Ego-Getue. ER sagte, ER wolle das. ER diktiert ihr Bücher und um einen **Verlag zu finden**, braucht sie über 400 „gefällt mir". Dann würde ein Verlag auf sie aufmerksam werden. Sie hätte viele, viele Stunden damit verbracht, die Seite für **Facebook** und SOLON (GOTT) einzustellen.*

Ich musste sehr lachen als sie mir das alles erzählte und wie viele Freundschaftsanfragen sie am Tag versendet hatte, um die nötige Anzahl (an Klicks) zu erreichen. Wir haben sehr, sehr viel gelacht zwischendurch. Sie sagte, dass das alles sehr schwierig sei für sie, weil sie ja nur mit dem kleinen Finger tippen könne.

*Sie wolle mir das Buch senden und ich solle es nicht auf einmal lesen, sondern, huii ja, das muss ich ja auch noch erzählen. Das war auch ein unglaublicher Zufall. Sie fragte, ob ich ein **Pendel** hätte. Erstaunt sagte ich, dass ich letztes Jahr einen für meine Tochter gekauft hätte und dass sie ihn nicht mehr braucht und deshalb jetzt in meiner Schublade sei.*

*Sie bat mich, ihn zu holen. Was für ein Zufall, dachte ich, dass ein **Pendel** in der Schublade war. Ephrisene sagte, dass das am Anfang eine Hilfe sei, um GOTT Fragen zu stellen, die ich noch nicht selber hören könne.*
*Auf den Satz von Tali: „Jetzt, wo ich das niederschreibe, frage ich mich, wie viele Menschen daran **zweifeln** werden", antwortete ich ihr , dass ich auch keine einzige Sekunde zweifeln würde. Ich hatte das Gefühl, es war nur für mich bestimmt. Ganz schön vermes-*

sen, dachte ich noch. Aber ich fühlte es in diesem Moment nun einmal so."

Ephrisene ist also **METATRON?** Ich würde eher sagen, wenn überhaupt, dann spricht METATRON durch sie. Aber wissen tue ich es nicht. Der nächste Gedanke bei mir war sofort der METATRON-Würfel, denn ich beschäftige mich gerade und schon seit einiger Zeit mit der Blume des Lebens und den Platonischen Körpern und demzufolge gehört der Metatron-Würfel auch dazu.

Ich habe gerade erst den **ersten BAND** *(den zweiten Band hatte ich schon)* des **Buches: „Die Blume des Lebens"** von Drunvalo Melchizedek von meinem Lebensgefährten geschenkt bekommen.

Dazu muss ich an dieser Stelle sagen, dass ich den zweiten Band schon länger liegen hatte und „eigentlich" zu diesem Zeitpunkt gar nicht so recht wusste, **warum** ich mir dieses *(für mich und zu diesem Zeitpunkt)* teure Buch überhaupt gekauft hatte, obwohl ich dafür gar kein Geld übrig hatte.

Ich wollte, so recht ich mich noch erinnere, die Blume des Lebens **malen** können, und dort wäre es eben beschrieben, so stand mal irgendwo ein Hinweis dazu. Ich hatte es ein paarmal probiert und einfach nicht hinbekommen. Aber auch die Geschichte hinter diesem so wunderbaren göttlichen Symbol interessiert mich sehr. Ich bestellte es einfach, wieder in der weisen Voraussicht, es irgendwann im passenden Moment zur Verfügung zu haben.

Ich wurde dahin **geführt**, und dann bekam ich mal von einem Medium gesagt, dass ich mit der **Merkaba** und den **Platonischen Körpern arbeiten** solle. Die **MerKaBa** sei **eines meiner göttlichen Werkzeuge** und ein **blauer Kristall**.

Natürlich konnte ich damit auch noch nicht soviel anfangen, außer, dass ich mir wieder kurz vorher so einen Merkaba-**Pendel** kaufte, _ohne_ wieder zu **wissen** _warum_ ich das tat.

Ich sah es und habe es sofort gekauft. Überhaupt nicht meine Art. Na ja, Ihr wisst ja schon, dass es zu mir gehört, auf meine innere Stimme/Führung zu hören und danach zu handeln. Das notwendige Geld kommt dazu dann auch immer im passenden Moment :-).

Nun gut, ich las also **Tali´s** Mail weiter und wurde immer neugieriger und ich fühlte deutlich, dass für mich noch eine Botschaft kommen musste. Über **Facebook** dachte ich in letzter Zeit auch genauso wie **Ephrisene** – alles nur **Ego-Getue,** vielleicht sollte ich wieder ganz verschwinden.

Es hätten also auch MEINE Worte sein können. Ich will damit nur sagen, dass ich mich mit **Ephrisenes** Aussage auch identifiziert hatte. Ich habe schon die ganze letzte Zeit überlegt, mich wieder abzumelden. Irgendwie fühle ich sehr viel Oberflächlichkeit im Netz und es gab mir einfach nichts mehr.

Dann plötzlich wendete sich das Blatt wieder und ich lernte interessante Menschen kennen, die mich wirklich weiterbringen konnten und wollten und wohl auch sollten :-). Genau darum hatte ich ja auch gebeten und wohl auch erhört.
In diesem Zusammenhang schrieb mir dann irgendwann mal jemand, dass mein Name **Simone** *„DIE GOTT ERHÖRT"* bedeuten würde. Aber darauf habe ich nie etwas gegeben. Wer bin ich schon, dachte ich immer, den GOTT erhören würde, ER würde doch ALLE erhören. Immer, wenn ich aus dem Netz raus wollte, kamen Menschen auf mich zu und baten um meine Hilfe oder baten mich darum, doch zu bleiben. Also verwarf ich wieder den Gedanken und blieb.

Dann überlegte ich, ob mich mein EGO nur von meinem Weg abbringen wollte und mich hier im Netz meine *(Lebens-)*Zeit verplempern hilft. Ich sollte mich mehr zurück ziehen und stattdessen mehr meditieren üben. Das sollte ich wirklich tun, denn das gehört auch zur Zahl Sieben, also meinem Lebensweg. Das **BÜCHER-Schreiben** hat mir laut Horoskop **MERKUR** in die Wiege gelegt, und auch darüber dachte ich schon länger nach bzw. haben mich Freunde immer wieder darauf aufmerksam gemacht und in meinen Gedanken bestärkt. Für jemanden, der sich nur schwer kurzzufassen vermag, kann es eine hervorragende Möglichkeit sein sich auszudrücken ;-).

Und prompt in dem Moment kam der nächste Aufblitzer, als **SOLON** (GOTT) **Ephrisene** sagte, er würde ihr **Bücher diktieren** und auch sie würde einen **VERLAG suchen. Genau das gleiche tue ich doch auch gerade** bzw. weiß ich auch nicht, wie ich das anstellen soll, eben den passenden VERLAG finden, der „MEINE ZEICHEN" abdrucken will ohne dass ich so viele Vorkosten für Druck und dergleichen bezahlen müsse.

Ich fragte mich natürlich wieder, ob das auch ein ZEICHEN für mich war. Buch schreiben als ZEICHEN hatte ich schon erkannt. Aber ob es auch veröffentlicht werden sollte, wusste ich nicht. *Sollte ich auch diese 400 „Gefällt mir"- Klicks von den Usern erbitten?* Nee, dagegen sträubte sich alles in mir. Entweder ist mein Buch wirklich so gut wie viele immer behaupten, dann sollten es wirklich mehr Menschen lesen, und wenn nicht, dann eben nicht.

Darüber denke ich nach, wenn ich so ziemlich fertig bin mit dem Schreiben meiner ZEICHEN. Oh mein Gott wie viel Zeit da noch verstrichen ist. Auf der anderen Seite musste ich ja etliches an Material zusammenbekommen, damit daraus auch ein Buch werden würde. Ooops, da wird mir doch gerade bewusst, was ich da schreibe: Wenn ich **fertig bin** mit dem Schreiben. Da kann ich lange darauf warten. Ich könnte jeden Tag nur noch schreiben, so viele ZEICHEN gibt es jeden Tag. Ich käme zu nichts Anderem mehr. Natürlich schreibe ich für mich,weiter alle spektakulären ZEICHEN auf. Ich finde es schön, irgendwann mal wieder davon zu lesen, und vor allem in schwierigen Situationen mich wieder daran zu erinnern, dass es immer weiter geht, dass es immer einen Weg gibt. Auch gerade jetzt als ich das wieder neu formatiere, gehen mir nochmal alle Lichter an und erkenne deutlich, worum es in meinem Leben wirklich geht. Aber ich will die Spannung nicht schon vorher herausnehmen. Am Ende des Buches wird es Euch vielleicht auch wie Schuppen von den Augen fallen. Wenn nicht, dann aber spätestens beim zweiten Band. Das verspreche ich.

Ich las weiter. Dann kam der Abschnitt mit dem PENDEL. Auch ich kaufte mir also, wie oben schon erwähnt, ein MerKaBa-Pendel, obwohl ich schon etliche andere Pendel habe und überhaupt keines mehr bräuchte. Aber damit GOTT zu befragen, darauf wäre ich im Traum NICHT gekommen. *Sollte es wirklich so **ein**-fach sein?* Ja klar, dann an dieser Stelle sage ich gerne: Alles was **EIN**-fach ist kommt von OBEN, alles was kompliziert erscheint, haben wir Menschlein dazu gemacht ;-). Also begann ich nun GOTT Fragen zu stellen und siehe da, die Antworten kamen auch prompt. Es war einfach faszinierend und schön.

Am **26.01.**, um 09:37 Uhr schrieb **Ephrisene** mir folgendes: *„Leg die Karten für mich und schau GENAU hin!"* und im Anhang ihr ebook: *„Die Stimme der Vernunft."*

Also **pendelte** ich auch, was **Ephrisenes** Kartenlegung anbetraf, also **welches Kartendeck** ich dafür wählen sollte. Ich schwankte zwischen Tarot und Lenormand-Karten hin und her. Die Lennis sind es dann geworden.

Weiter las ich, dass wir GOTT nicht hören können, so lange unser Ego noch da ist. Klasse, dachte ich wieder, genau das ist ja mein Problem immer noch, dieses verflixte Ego. *Wie bekomme ich das nur ausgeschaltet?* Ich erkenne mein Egolein auch schon ziemlich oft und schnell. Aber es ist immer noch da, auch wenn ich dann mal, wenn ich es wieder einmal ent-tarnt hatte, laut fluche und mit meiner Hand eine schnelle Handbewegung über meine linke Schulter mache:*„Haub ab, verpiss´ dich, jetzt nicht, Luzifer. Es ist gut, dass es dich gibt, aber jetzt brauche ich dich nicht. Also geh zurück in deine Ecke. Vielleicht hole ich dich zu einem späteren Zeitpunkt wieder hervor. Aber bis dahin halte dich zurück."* Ja, auch solche harten Worte entspringen dann mal meinem Mund. Vielleicht muss ich dazu noch sagen, dass es nichts nützt, wenn ich in der Babysprache mit meinem Ego spreche. Da bedarf es schon einer härteren Gangart, und diese Sprache versteht es dann auch ;-). Aber das half diesmal auch nix oder ich muss es nur noch öfter und vehementer sagen. Wie gesagt, diese Erfahrung durchlebe auch ich gerade.

Und schon wieder höre ich mich sagen: *Habe ich mir das alles selbst angezogen und ins Außen manifestiert?* Na klar.

Der nächste Hammer kam als „GOTT" sagte, dass jedes Tier seinen Tod selbst wählt. Wie oft habe ich in letzter Zeit immer wieder einmal darüber nachgedacht und gezweifelt, ob es nicht doch frevelhaft sei, ein Stück Fleisch ab und an mal zu verzehren, und mein Gefühl sagte mir immer, dass alles gut ist so wie es ist, und nur weil alle es machen muss es ja für mich nicht richtig sein. Meine Zeit wird kommen.

Da fällt mir gerade noch ein, dass ich kurz darauf auch ein Buch oder einen Kartentext las, wo genau das so beschrieben stand.

Leider weiß es nicht mehr, wo ich das danach gelesen hatte. Ich bedankte mich immer bei der Seele des Tieres und hatte auch nie ein schlechtes Gewissen mehr. Vegetarisch oder gar vegan war einfach nix für mich, wie oft ich auch einen Neuanfang startete. Mein Magen machte da einfach nicht mit am Abend nur ein Salatblatt zu müffeln. Die Vegetarier oder Veganer unter Euch mögen es mir nachsehen, dass ich noch nicht so weit bin. Vielleicht ist es ja auch nur nicht mein Weg. Wenn es Euer Weg ist, ist doch alles chic.

Ich dachte mir, wenn es wirklich so falsch sei, dann würde mir das mein Körper oder die geistige Welt schon zu verstehen geben. Und genau so war es dann auch. Merkwürdig, dachte ich noch so bei mir, **dieselben Themen,** die auch bei mir gerade anstehen und nach einer Antwort verlangten.Selbst das mit dem Kreuz sah ich früher schon genau so und bevorzuge eher ein „gleichschenkliges" Kreuz für Himmel und Erde als dieses von der Kirche diktierte „Leidens-Kreuz". Ich habe eben meinen eigenen Kopf zum Denken. Instinktiv hatte ich schon immer dieses Leidens-Kreuz abgelehnt. Anfangs glaubte ich, dass dies mit unserer deutschen Geschichte zu tun gehabt hätte und als solches noch in meinem Zellgedächtnis gespeichert sei.

Dann sagte ich mir, warum überhaupt ein Kreuz als Symbol - es schwingt immer irgend etwas Schicksalhaftes mit diesem Symbol mit. Dass das Christentum damit in Verbindung gebracht wird, wissen sicherlich die meisten von Euch. Aber ich machte mir Gedanken über die Schnittstellen des Kreuzes. Normalerweise symbolisieren die beiden Linien zu einem Kreuz die gleichmäßige Verbindung von Himmel und Erde – so laut Wiki. Also der waagerechte Strich ist unsere materielle Ebene und der senkrechte kommt von OBEN, von GOTT.

Auch klar ist, dass das Kreuz in vier gleichgroße Felder unterteilt ist, was beim Kreis, der ja für die Vollständigkeit steht, eine Vierung bedeutet und deshalb auch für die vier Himmelsrichtungen steht. *Welche Bedeutung aber hat es, dass die Materie durch den senkrechten Strich geteilt wird,* frage ich mich gerade. Das kann nur die Dualität sein, in die wir Menschen hineingeboren wurden. Auf der Erde besteht also eine Teilung. Es gibt immer zwei Seiten einer Medaille, kommt mir gerade in den Sinn. Ich sinniere/philosophiere weiter. Der senkrechte Strich wird doch auch geteilt, wenn ich mir das recht bedenke. *Also gibt es auch OBEN zwei Seiten einer Medaille oder? Also gibt es auch OBEN eine Teilung?*

Für mich **nicht. OBEN,** *(wenn man das mal so sagen darf ist wohl eher* **unsere Geist-Ebene***)* sind zwar GOTT **VATER UND MUTTER** für mich, aber dennoch sind sie **EINS**. Ihr könntet Euch das so vorstellen, dass Dunkelheit an sich nicht existiert, sondern lediglich die Abwesenheit von Licht ist. Hm, das könnte ich erst einmal so stehen lassen. Im Christentum, so heißt es wieder bei Wiki, symbolisiert der vertikale Balken die Beziehung zwischen GOTT und dem Menschen, und der horizontale Balken verbindet die Beziehung zwischen den Menschen.

Also könnte man eher von einer gewissen Art von **Interaktion** *sprechen oder?* Alles bedingt sich untereinander. Das Eine kann nicht ohne das Andere. Ja, so macht es mehr Sinn für mich. Könnte meine Interpretation also auch passen. Das Kreuz stellt also immer eine gewisse Art von Interaktion zwischen Himmel und Erde dar.

Da sich unser christliches Zeichen *(nicht gleichschenklig)* allerdings von der Kreuzigung Christi ableitet, ist es auch immer mit Schuld und Sühne verbunden. Wie ich schon sagte, eben negativ behaftet.
Jeder kennt vielleicht den Spruch: *„Es ist ein* **Kreuz** *mit oder man hat sein* **Kreuz** *zu tragen."* Aber es hat auch eine **positive** Bedeutung im Christentum, und steht dann für **Frieden** und **Erlösung**. Aber diese Gedankenergüsse nur mal am Rande.

Weiter in meiner Mail an **Tali:** *„Dann lese ich das hier, und Du warst ja auch sichtlich erstaunt über die* **Synchronizität** *Deiner Geschehnisse und sahst diese als* **Bestätigung** *für Dein Gefühl an, genau so wie es bei mir der Fall ist. Wir beide fühlen einfach, wenn etwas nicht stimmt oder etwas anderes dahinter steckt, richtig?*

Und dann kam das wohl sichtbarste ZEICHEN für mich, nämlich als es um das Symbol der Lebensblume ging. Auch ich habe mir ja vor einiger Zeit den zweiten Band des BUCHES „Die Lebensblu-

*me" von Drunvalo Melchizedek gekauft, damals, aber eben nur deshalb, weil ich diese Blume gerne **malen** wollte und es nie so richtig hinbekam. Irgendwo las ich, dass in diesem Buch die genaue Herangehensweise erklärt sei, also bestellte ich mir auch nur den zweiten Band. Dann begann ich zu lesen und fand das BUCH so spannend, dass ich es kaum noch aus der Hand legen konnte, und immer wieder gab es Querverweise auf den ersten Band.*

Vornehmlich ging es um unsere Entstehungsgeschichte und Ägypten und seine Bauwerke und Götter, um Lemurien und Atlantis, zumindest die Beweise, dass es sie gab und dass unsere Schöpfung viel älter als sechstausend Jahre alt sei, nur dass das niemand will, dass das der großen Masse publik gemacht werden soll, die Ägypter am allerwenigsten.

Also wünschte ich mir vor kurzem den ersten Band von meinem Lebensgefährten und begann nun von vorne zu lesen. Der Tag war „eigentlich" sehr anstrengend für mich, ich war schon um :4:00 Uhr morgens aufgestanden, weil ich nicht mehr schlafen konnte. Also ging ich in mein Büro und fing an zu arbeiten. Mein Lebensgefährte stand irgendwann so gegen 09:00 Uhr auf und ich hatte das erste Mal das Gefühl, es sei schon Mittagszeit. Kein Wunder, hatte ich doch schon die erste Hälfte des Tages gefühlt hinter mir. Ich hoffe, ich hole jetzt nicht zu sehr aus, so dass Du am Ende gar nicht mehr folgen kannst."

Ich schrieb Tali noch etwas zu unserer Suche nach unserem Haus. Hier lasse ich das mal weg, sonst wird es zu unübersichtlich. **Tali** bestätigte mir dann aber, dass sie ganz gut nachkäme. Also schrieb ich weiter.

*„So, und da ich nun nicht wusste, wohin ich schauen sollte in Ephrisenes Karten und **Ephrisenes** Ausspruch mir noch in den Ohren nachklang, fing ich an mir ein paar Karten-Kombinationen auf einen Zettel zu notieren. Keine Ahnung warum ich das tat. Das tat ich bis dato noch nie und brauchte es auch noch nie! Allerdings war es fürs HÄUSER-System dann etwas einfacher - man kann die Quintessenz schneller erfassen. Beim HÄUSER-System schaut man danach, in welchem HAUS beispielsweise eine Karte liegt und verbindet dann diese beiden Aussagen miteinander oder*

man bekommt einen zusätzlichen Impuls von Innen – eben intuitiv, so wie es bei mir oft der Fall ist.

*Auch für mein eigenes Kartenblatt bezüglich meiner Haussuche war ich nun dabei, ein paar Begriffe zu notieren, bspw. **„Schiff"** = auch: **Lebens-Reise, neuer Lebensabschnitt.** In diesem Moment gingen mir alle Lichter an und ich wusste auf einmal, dass unser neues Haus einen **neuen Lebensabschnitt** bedeuten würde.*
Nun wusste ich auch, dass mein Gefühl immer richtig war und dass es auch richtig war, mir JETZT dieses alte Haus zu kaufen. Ich überlegte nämlich immer, ob es wirklich so klug war, in meinem Alter noch ein Haus umzubauen. Mein Lebensgefährte ist ja noch fast zehn Jahre jünger als ich. Aber, wenn man, wie ich, auf die sechzig zugeht, dann überlegt man schon zweimal. Ihr könnt Euch sicher vorstellen, wie es in meinem Inneren zu dieser Zeit aussah. Streckenweise hatte ich das Gefühl, ich träume. Siehst Du jetzt, warum ich so aufgeregt bin und gar nicht sofort alles aufschreiben konnte? Die Ereignisse überschlugen sich. Jeden Tag eine andere Hiobsbotschaft. Es war wie eine Achterbahnfahrt. Habe ich zwar noch nie gemacht, aber so stelle ich es mir vor.

Dann las ich, liebe Tali, in Deinem Tagebucheintrag weiter und da stand, dass Du keine Bücher mehr lesen sollst. Auch diese Frage bzw. diese Botschaft erreichte mich nun schon mindestens zum dritten oder vierten Mal. Ich hab sie wohl immer überhört: ---> nach INNEN zu gehen und die Antworten selbst hervorholen. Hm, und nun lese ich das wieder. Auch über Facebook dachte ich nach und wollte mich ja „eigentlich" auch wieder abmelden, nicht weil ich sooft da drin wäre, Facebook läuft eh immer im Hintergrund, sondern weil mir die Oberflächlichkeit vieler Menschen dort nicht mehr gefiel und ich den Kampf der Titanen, so nenne ich es mal, nicht mehr mitspielen wollte.

Diese ganzen Selbstbeweihräucherungen und Kämpfe war ich einfach leid. Außerdem geben mir derartige oberflächliche Konversationen nur wenig. Sie lassen mich eher schnell ermüden und rauben mir meine wertvolle Energie. Nenn´ es abgehoben. Aber für den Moment fühle ich halt so.

Ich hatte wirklich das Gefühl, dass einige spirituellen Menschen jetzt vollends durchdrehen und nur noch auf Konkurrenzkampf aus sind. Sah es vielleicht in meinem INNEREN auch so aus? Mit was kämpfte ich innerlich? , fragte ich mich. Was wollten mir diese Menschen spiegeln? Damit hatte ich nichts zu tun, sagte ich mir. Ich möchte den Menschen eine Stütze sein und jemand der ihnen Antworten auf ihre Fragen gibt. Ich erhielt anfangs diese Antworten, die ich auch gern gehabt hätte nur sehr selten von anderen und wenn, dann wollten alle sofort viel Geld dafür. Zu viel Geld, wie mir schien. Bis ich endlich darauf kam, dass auch ich lernen musste, MEINEN WERT zu bestimmen und auch ein wenig Geld für meine Dienste verlangen sollte. Dann würde die Arbeit im Netz auch wieder mehr Spaß machen und nicht nur meine ganze Energie abziehen.

Natürlich nicht immer. Wer wirklich spontan ehrliche Hilfe brauchte und kein Geld hatte, dem legte ich die Karten weiterhin kostenfrei. Dann zweifelte ich aber auch wieder daran und drehte mich so immer weiter im Kreis, denn mir gab auch keiner etwas kostenfrei. Ich musste für alles teuer bezahlen. Aber dann kamen wieder Menschen im rechten Moment auf mich zu und überzeugten mich vom Gegenteil. Es war schon komisch.

*Als ich den kommenden Tag wieder so am Zweifeln war und über meine (Lebens-)Zeit/Dienste in Facebook sinnierte, begegnete mir natürlich wieder im passenden Moment, eine Frau, die sich gerne von mir beraten lassen wollte und im gleichen Atemzuge vorgab, kein Geld zu haben. Natürlich half ich ihr sofort und auch **ohne** einen Ausgleich dafür zu verlangen.*
*Wenig später sah ich durch Zufall einen Tread bei Facebook von eben dieser Frau, in dem sie wörtlich schrieb: „Heute habe ich mir DIE gegönnt", und wies auf ein Foto über ihre neu gemachten Fingernägel". Ich glaube, **siebzig** Euro hatte sie dafür bezahlt. Ich wischte mir die Augen, weil ich es kaum glauben konnte. Wieder die **sieben** – also wieder etwas zu **lernen**. Ich bekam wie einen Schlag in die Magengrube. Das war mein Lehrgeld. Und meine Antwort hatte ich auch! Ich bin zu gutgläubig und zu gutmütig. Das muss ich ändern. So etwas Unverfrorenes hatte ich lange nicht erlebt. Bei mir die Arme mimen und auf der anderen Seite so was Unnützes wie künstliche Fingernägel sich gönnen. "*

Eigentlich könnte ich an dieser Stelle aufhören mit Weiterschreiben, nachdem ich nun mit **Ephrisene** selbst persönlich geskypt hatte und nun weiß, dass meine Gefühle vielleicht wirklich von meinem EGO fehlgeleitet waren. Sicher bin ich mir aber noch nicht. Irgendwas in mir schlägt immer noch Alarm, wenn ich das so lese und überdenke. Nur damit Ihr versteht worum es da ging. Mir hatte die Art und Weise der Kommunikation zwischen Ephrisene und mir nicht gefallen - so völlig lieb-los, ohne Anrede und ohne Gruß, eher etwas abgehoben und von oben herab. Ich fühlte mich damit einfach nicht gut.

Von **Ephrisene** sollte eine Geschichte als Willkommensgeschenk ankommen - kam aber nicht. Das alleine hätte mich schon aufhorchen lassen müssen ;-). Aber, wenn man was lernen soll, dann hat man eben erst einmal Scheuklappen vor den Augen.

Am 25.01. schickte mir **Ephrisene** dann eine Mail mit einem Text von SOLON und ihrem Copyright drauf, worauf ich ihr folgendes antwortete: *„Vielen lieben Dank Ephrisene, darf ich Dich bitten, Deinen Text für mich ausdrucken zu dürfen? So erfasse ich die Dinge für MICH einfacher und kann an jedem Ort mit ihnen arbeiten, wie bspw. im Park oder dergleichen. Vielen herzlichen Dank für Dein Verständnis. Sei gesegnet mit Licht und Liebe Merle♥*

Ephrisene antwortete mir am 26.01. daraufhin folgendes sehr kurz und knapp: **„Leg die Karten für mich und schau GENAU hin!"** Das klang für mich eher nach einem Befehl als nach einer netten Aufforderung. Ich fragte nochmal nach, wonach ich schauen sollte und bekam später dann wieder eine sehr knappe Antwort: *Herzlichen Dank für Deine Erlaubnis, Deinen Text ausdrucken zu dürfen. Du schreibst nur kurz, dass ich die Karten auslegen soll. Ähm, wonach soll ich denn schauen? Welche Karten soll ich legen? Liebe Grüße Merle♥*

Darauf kam Donnerstag dann **Ephrisenes** kurze und knappe Antwort: **"Hören und VERSTEHEN".** Und dies fühlte sich für mich eher nach Maßregelung an. *Was sollte ich hören und verstehen? Sie sagte doch gar nichts :-(. Manno, warum habe ich nur nicht auf mein Gefühl gehört? Ich bat Ephrisene dann noch um ein Skype-Gespräch und schrieb ihr folgendes: „Noch eine Frage habe ich, liebe Eph., können wir nächste Woche einmal skypen? Tali gab mir Deinen Skypenamen. Wenn ja, wann würde es Dir passen?*

Mir wäre Dienstag oder der Donnerstag recht. Lieben Gruß Merle♥"

Donnerstag schrieb Ephrisene: *„Weder, noch! Erst Mitte Mai!"*

Freitag schrieb sie: *„Die drei Antworten, die ich dir gab spiegeln die Weisheit SEINER Worte. Du hast schon DIESE nicht verstanden. Lies   s o r g f ä l t i g!"*

Wieder so ein Nackenschlag. *Was will sie von mir?* Ich dankte ihr und wartete nun geduldig auf den Mai. Aber bis dahin musste ich gar nicht warten, denn sie schrieb mir am 29.01., um 15:30 Uhr folgendes: *„Merle, SOLON (GOTT) bittet mich mit Dir zu reden. Daher mein Vorschlag Dienstag 15:00 Uhr. Ich warte auf Deinen Anruf! Ephrisene"*

Peng. Ich warte auf Deinen Anruf – Ausrufezeichen. *In welchem Film bin ich denn jetzt gelandet bitteschön?* Na, ich war vielleicht gespannt, was sich mir dann darbieten würde. Meine Gefühle waren derart durcheinander, dass ich froh war, dass die Warterei nun endlich ein Ende haben würde.

*„Liebe Tali, ich muss nochmal alles überdenken und überlegen, warum ich nicht in der Liebe war als ich ihre ersten Zeilen las, warum sich mein Inneres Kind angesprochen gefühlt hatte, und warum sagte mein Gefühl STOPP bzw. VORSICHT, sei nicht wieder so vertrauensselig, höre auf Dein Bauchgefühl, und das war ja wirklich nicht so gut und und und. Ephrisene liegt schon seit so vielen Jahren nur auf einer Seite im Bett, wie sie sagte, und steht den Menschen, die es wollen, mit Rat und Tat zur Seite. Sie kann wirklich nicht schreiben, sondern nur ein paar Worte mit dem kleinen Finger und ich hatte Gedanken daran, warum sie nicht liebevoller schreiben würde. Oh mein Gott, da muss ich wohl noch sehr an mir arbeiten *kopfschüttel."*

Vielleicht war aber auch alles nur eine Masche, um mich klein zu halten.

„Ich schäme mich jetzt dafür. Dennoch muss ich wohl lernen, meine Emotionen sorgfältiger einzuordnen. Mein Lebensgefährte frag-

te mich gleich, als er mich so sah und ich ihm dann auch von meinen Gefühlen erzählte, ob ich jetzt „kälter" werden wolle. Natürlich nicht. Das geht auch gar nicht mehr bei mir. Die Liebe fließt in mir von selbst. Ich bin die, die ich bin und so ist es gut. Ich bin nicht so alt geworden mit all diesen Auf und Ab´s, als dass ich jetzt alles über den Haufen werfen könnte und schon gar nicht meine Gefühle. Diese Ebene lebe ich, eben die Gefühlsebene.

*Also muss sie für mich ja auch gut sein. Als **WASSER**-Geborene ist die **GEFÜHLS**-Ebene mein Fluidum. Aber ich muss **gleichgültiger,** jedem Menschen gleich gültig gegenüber, werden. Ja, das muss ich noch lernen. **Ephrisene** erzählte mir etwas von **vor sieben** Jahren - ich glaube als sie **ihr Ego verlor**?! Na, jedenfalls war genau vor **sieben** Jahren irgend etwas. Schon wieder kommt mir die **Zahl Sieben** über den Weg, meinen Weg. Dann erzählte sie mir von Eurer **internen Gruppe**, wo schon sechs Leute drin wären und **ich** wäre **Nr. SIEBEN.***
*Ich glaubte meinen Ohren nicht trauen zu können und fragte nochmal nach. Ich bekam so eine Gänsehaut. Ich hatte mich nicht verhört. Es war die Zahl **Sieben**, um die es ging. Hier gab es also wieder was zu lernen, denn die Sieben steht ja unter anderem auch für das Wissen und das Lernen.*
Dabei fiel mir wieder auf bzw. fragte ich mich gleich, ob sich nicht vielleicht jetzt wieder nur mein EGO darüber freuen würde. Du siehst, ich habe es noch nicht geschafft." Vielleicht hatte sie mich ja auch ausspioniert, höre ich mich gerade denken. Ich mache ja kein Geheimnis daraus, welche Zahlen laut Numerologie für mich sprechen würden.

*„Aber ich **weiß** ganz sicher, dass **ER** (GOTT) an meiner Seite ist und mich führt, ich weiß es ganz einfach, denn als ich über alles nochmal nachdachte hörte ich letzte Nacht plötzlich vor meinem Fenster jemanden singen: **„Stand by me"** und versuchte auch noch mitzusingen.*

*An derartige Zufälle als solche glaube ich nicht mehr!!! Kurze Zeit später erzählte mir **Ephrisene,** dass es ihr gar nicht um das Kartenlegen für sie ging, denn sie kenne ihre Zukunft. Weiter sagte **Ephrisene,** es wäre nur eine **Prüfung** für **MICH** gewesen, und sie solle mir ausrichten, dass ich diese **bestanden** hätte."*

Argwöhnisch denke ich: *Wollte sie mir jetzt Honig um mein Mäulchen schmieren?* **Aber darauf falle ich nicht mehr herein. Ich blieb weiter misstrauisch.**

„Es ging wohl darum, dass ich nicht lange darüber nachdachte, ob ich **Eph.** *die Karten legen solle oder nicht, sondern, weil ich es einfach* **getan** *hatte und nicht mal Geld dafür verlangte, also genau wie sie einfach den Menschen helfen würde, die meine Hilfe in diesem Moment brauchen und mich darum bitten würden. Irgend so etwas dachte ich mir schon, denn wer mit* **IHM** *(GOTT) spricht braucht* **keine Kartenlege-Tante** *mehr. Ja, und die* **BOTSCHAFT** *für mich habe ich ja dann auch ganz nebenbei erkannt, als ich die* **Begriffe** *für das* **HÄUSER**-*System im Kartenlegen für mich aufschrieb und in diesem Zusammenhang auch MEINE Kartenkombination* **Haus-Schiff** *erkannte und verstand.“*

Aber irgendwie war jetzt alles nur noch verworrener. Ich brauchte erst mal Erdung.

„Nun konnte ich diesen Deutungsabschnitt bzw.-Reihe auch ganz anders deuten und vor allem durfte ich dabei erkennen, dass man nur sich selbst vertrauen soll, also **sich selbst ZUHÖREN** *soll, egal was andere meinen und schon gar nicht andere um Rat fragen, wenn es um* **einen selbst** *geht. Das habe ich jetzt hoffentlich kapiert :-)*

Dann nannte mir Ephrisene Eure **„Töchter“-Namen von SOLONISTRA** *und MEINER wäre angeblich MEYO. In dieser* **geheimen** *Gruppe sollte jeder einen solchen „Tochter“-Namen bekommen. Vielleicht als Zeichen der Verbundenheit. Ich weiß es nicht mehr. Weißt Du vielleicht was er bedeutet? Was bedeutet eigentlich SOLONISTRA? Töchter von SOLON (GOTT)? Ich will nun noch Deinen Tagebucheintrag weiter verfolgen und meine Synchronizität mit Dir teilen. Aber diesmal ohne Wertung.*

Ephrisene *bzw.* **ER** *(GOTT) riet Dir,* **Dein EGO anzuschreien** *und ihm zu sagen, dass Du* **ihm** *Dein* **Leid** *und* **Schmerz** *verdanken würdest und Du willst, dass es* **verschwinde.** *Genau das sage ich oft mit einer Handbewegung hinter meine linke Schulter, wenn ich merke, dass mein Egolein sich mal wieder übermächtig dazwischen drängt: „Verpiss´ dich, Luzifer, schreie ich dann, ich will* *dich jetzt hier nicht sehen. Jetzt will ich nur meine Seele hören und sonst nichts."*

*„Ja, klingt vielleicht ein bisschen hart, aber anders versteht es meine Luzi (Luzifer) auch wirklich nicht. **Ephrisene** schreibt weiter, dass wenn sich das **EGO** einmal **ertappt** fühlen würde, **nicht mehr so weitermachen könne** wie bisher. **Meins kann ;-)**. So, nun bin ich durch mit Deinem Text und weiß, dass es „eigentlich" sinnlos und nutzlos ist, meine Antwort überhaupt noch an Dich abzuschicken. Ich weiß nicht, wozu es noch gut sein soll. Aber ich versprach es Dir und darum schicke ich dieses nun auch ab.*

*Im Prinzip habe ich durch das Schreiben gleich alles nochmal aufgearbeitet und damit fühlt es sich nun für mich auch abgeschlossen an. Bitte berücksichtige meine neue Sichtweise und lese es nur so als Hinweis darauf, **wie falsch** man doch manchmal mit seiner Meinung liegen kann.*

*Ich gehe demütig in mich und bitte alle Seelen um **Vergebung**, die auf der feinstofflichen Ebene an meiner falschen Sichtweise zu **leiden** hatten oder die sich mit auf das falsche Pferd setzen haben lassen. Es tut mir **leid**. Bitte **verzeiht** mir. Ich **liebe Euch**! DANKE. Es tut mir **leid**. **Ich verzeihe mir**. Ich **liebe mich**! DANKE.*
*Nun soll auch ich meine Bücher zumachen und brauch auch meine Karten und **nichts anderes mehr**. Ich habe aber **ANGST** sie **loszulassen**. Sie fungieren doch eher noch als Anker oder Platzhalter, um den Faden nicht zu verlieren. Ich weiß ja, dass ich die Karten nicht mehr benötige. Sie waren doch die letzten zehn Jahre so was wie mein Lebenselixier.*

*Alle Bücher umsonst gekauft? Darf ich die eigentlich wieder verkaufen? Aber so ganz ohne? Lesen ist doch schön. Na vielleicht geht's nur darum, in den Büchern nicht nach Antworten zu suchen, sondern sie lediglich nur als Anregung zu verstehen. Ihr seht, ich muss jetzt erst einmal alles wieder neu ordnen. Na vielleicht gibt mir ja **Ephresines zweiter Band** über **IHN**(GOTT) wieder mehr Aufschluss über meine neuen Fragen.*

*Dir, liebe **Tali**, danke ich von Herzen, dass Du Dir meine Zeilen überhaupt bis hierher durchgelesen hast. Ich drücke Dich ganz lieb und wünsche Dir nun noch einen wunder-vollen und liebe-vollen*

Abend im Kreise lichtvoller und liebevoller Energien. Alles Liebe
Merle ♥"

Oh mein Gott, hat diese Geschichte überhaupt jemand von Euch
verstanden? Habt Ihr die **Synchronizität** *zu* **meiner Zahl Sieben**
wiedererkannt? Habt Ihr verstanden, warum mir diese **Ephrisene**
und diese **Tali** *begegnen mussten?*

Beide überbrachte mir eine wichtige BOTSCHAFT, nämlich
genau hinzuhören, und zwar auf **mich,** auf **mein Inneres.**

Was ich von dieser Eph. halten soll, weiß ich im Nachhinein allerdings immer noch nicht. Das war alles schon reichlich crazy und
spuki, alles sehr theatralisch und aufgesetzt. Da werde ich immer
sehr hellhörig. Aber egal, es ging ja für mich um was ganz anderes, nämlich mir selbst zu vertrauen, und zwar in allem was ich
tue. Anhand dieser ganzen Synchronizitäten mit meiner Zahl Sieben usw. zeigten mir deutlich, dass nichts ist wie es scheint und
ich nur mir vertrauen darf.

Warum schreibe ich das eigentlich alles so ausführlich? Könnt Ihr
euch diese Frage wirklich beantworten? ;-) Oder glaubt Ihr immer
noch noch an Zufälle? Mit diesen Gedanken entlasse ich Euch
wieder in die reale Welt. Achtet bitte auf eure ZEICHEN, achtet
bitte auf die Dinge, die EUCH „begegnen", auf Menschen, Situationen, Texte ;-) usw.. Es geht immer nur um EUCH!
Aber vor allem seid vorsichtig mit Menschen, die sich erhöhen o-
der für was Besseres halten oder gar für XY ausgeben. Fühlt einfach hinein. Auch ein Erzengel Metatron wird immer liebevoll daher
kommen und niemals im Befehlston mit Euch reden. Achtet auf die
Worte hinter den Worten, auf die Worte, die nicht gesagt werden.

In diesem Sinne...Achtet vor allem auf Eurer GEFÜHL.
Eure Merle ♥

23. Song „Verlieben verloren vergessen verzeih´n"

Das Lied „*Verlieben verloren vergessen verzeihn*" von Wolfgang Petri trällerte gestern Morgen mein Menschen-**Orakel** vor meinem Schlafzimmerfenster und ich verstand nur noch **"verzeihn"**. Die Melodie konnte ich aber noch sehr deutlich hören. Da konnte ich nicht mehr weiterschlafen. Ich stand auf und erzählte es meinem Lebensgefährten, und der sagte, er hätte ihn auch singen gehört und musste selbst lachen. Ich fragte ihn dann, ob er wisse, welcher Song das war. Aber es fiel ihm in diesem Moment auch nicht gleich ein. Kurze Zeit später, als mein Lebensgefährte im Auto unterwegs zur Arbeit saß rief er mich an und erzählte mir, dass eben DIESER Song, welchen wir beide kurz vorher am Fenster hörten, gerade eben im Radio gespielt würde. *Super Synchronizität wieder, oder?* Ich danke GOTT und seinen ENGELN für dieses schöne ZEICHEN. Ich habe SEIN ZEICHEN verstanden und mir endlich verziehen :-).

Zum besseren Verständnis: Als Orakel bezeichne ich ganz besondere Menschen in meiner näheren Umgebung, von denen ich immer eine unbewusste Botschaft von der geistigen Welt erhalte. Ja, Ihr hört richtig, sie kommen als unbewusste Boten zu mir und überbringen mir eine Botschaft aus der geistigen Welt. Zu meinen Menschen-Orakeln zählen zwei wundervolle, leicht geistig behinderte Menschen, die mich immer besonders freundlich zu mir sind, besonders freundlich grüßen oder sich anderweitig bemerkbar machen. Wir haben einfach einen Draht zueinander.

Bösartige Stimmen höre ich schon sagen: *„Ja, die sind genau so verrückt wie du".* Richtig, ver-rückt. Um die Dinge zwischen Himmel und Erde richtig zu entschlüsseln muss man seine Sinne etwas ver-rücken, um den Sender richtig einstellen zu können :-). Irgendwann ist mir aufgefallen, dass, immer wenn ich eine unausgesprochene Frage an GOTT und die geistige Welt hatte, mir einer dieser wundervollen Menschen unbewusst die Antwort lieferte. GOTT hat uns immer nur ENGEL geschickt.

In diesem Sinne...
Eure Merle ♥

24. Selbstgemachten Filzengel verschickt

Vor kurzem versandte ich einen Brief mit einem selbstgemachten Filzengel für eine liebgewordene Facebook-Schwester und hatte bei ihrer Postleitzahl zwei Zahlen vergessen. Auch hatte ich nur meinen kosmischen Namen **MERLE** als **Absender** darauf geschrieben, anstatt meine vollständige Adresse. Der Briefumschlag kam dann zu mir zurück.

Die Postfrau klingelte und alles sollte genau so sein. Sie bat mich, doch das nächste Mal meinen Absender-Namen komplett auf den Brief zu schreiben. Ich sagte ihr mit einem Lächeln, dass sie mich doch trotzdem gefunden habe und jeder mich hier doch mehr oder weniger kennen würde und außerdem habe ich doch eine riesige Fensterwerbung, wo auch nur MERLE ganz groß drauf steht.

Aber dann bekam ich den Impuls: *Darum geht es nicht, genau diese Postfrau sollte an DEINER Tür klingeln!*

Ok, dachte ich und ging zurück, holte noch einen kleinen Filzengel und schenkte ihn ihr, weil sie so aufmerksam gewesen war und sich die Mühe gemacht hatte, mich, den Absender, doch zu finden, anstatt nur Dienst nach Vorschrift zu machen.

Dazu muss ich vielleicht wieder etwas vorweg sagen, und zwar, dass es an diesem Tag draußen brütend heiß war und mir die Postboten ohnehin schon sehr leid getan hatte, bei dieser Dämse im Auto - ohne Klimaanlage- die Post ausfahren zu müssen und diese besagte Postfrau war dazu noch ein bisschen kräftiger und hatte wirklich zu tun, dass sie den Tag gut überstand, überhaupt überlebte :-).

Ich verschenke gern mal einen ENGEL an Menschen, die meinen Dank verdienen, und so sollte es sein, dass auch sie einen kleinen Dank mal von einer Postkundin erhalten sollte :-). Ich denke, sie hat es an diesem Tag auch mal gebraucht, dass ihr jemand dankt und ihre Arbeit und zusätzliche Mühe und Liebe wertschätzte :-). Sie hätte genau so gut auch sagen können, den Absender gibt es nicht und den Brief stelle ich nicht zu und basta.

Heute bekam ich ein **Paket** von einer lieben Facebook-Schwester mit einem so wundervollen Energieausgleich darin, auch ausgerechnet noch gerade in dem Moment als ich mit einer anderen Facebook-Freundin telefonierte. Wir hatten uns am Telefon zur **Chakrareinigung/-Aktivierung** verabredet und ich kam somit erst später dazu das Paket zu öffnen. Ich war gerade mit den Erklärungen fertig gewesen und wollte nun mit dem eigentlichen Chakraausgleich beginnen als es an der Tür klingelte.

Es ist sonst überhaupt nicht meine Art, dass ich während eines Gespräches die Tür öffnen gehe.*grübel grübel. Niemals würde ich das ohne triftigen Grund tun. Alles andere kann in dem Moment warten, schließlich ist am anderen Ende des Telefons auch jemand, der wichtig ist und meine ungeteilte Aufmerksamkeit erwarten darf. Das wäre sehr unprofessionell, dachte ich noch.

Da aber verspürte ich wieder diesen **Impuls**: *„Diesmal geh´ an die Tür und öffne sie. Es ist wichtig",* was ich dann auch nach einer Entschuldigung meinerseits tat. Wir wussten es auf einmal beide zur gleichen Zeit, dass mir der Postbote nun ein Paket von dieser Person bringt und so war es ja schließlich auch. Normaler Weise bekomme ich erst hinterher einen Energieausgleich und auch diesmal sollte es so sein. Ich nahm das Paket nur schnell entgegen und stellte es ab. Dann ging ich zurück in mein Büro, um unser Gespräch fortzusetzen. Später öffnete ich dann das Paket. Auch dieses Mal war alles anders. „Normalerweise" reiße ich die Paketkarte mit den Anschriften ab und zerreiße sie anschließend.

Warum? Weil in unseren Mülltonnen oft gewühlt und Papier und Schriftstücke entnommen werden. Irgendwas in mir sagte mir wieder: *„Schau genauer hin!"* Dann bekam ich Gänsehaut und sah erst einmal, dass auch diese Person *(mit der ich gerade telefonieren wollte)* NUR meinen Vornamen, Simone Merle, als Absender auf ihr Paket geschrieben hatte. Auch diesmal kam das Paket wieder ohne Schwierigkeiten bei mir an. Ja, logisch, es stand ja auch meine Anschrift mit drauf. Dennoch gehört der vollständige Name auf eine Postsendung, ohne die die Postboten die Post anscheinend nicht zustellen dürfen.

Während ich nun auch dieses Paket entgegennahm hatte ich noch mein Headset im Ohr. Ich nahm also wieder nur schnell das Paket entgegen und schloss zügig die Tür, so dass der Postbote auch gar nicht weiter hätte mit mir reden können, wenn er mich denn darauf aufmerksam machen hätte wollen. Dieser Postbote ist sonst auch immer sehr zuvorkommend und freundlich.

Der Punkt ist allerdings diesmal etwas anders. Außer so einem Filzengel schenke ich meinen Postboten auch immer mal zwischendurch eine Flasche Wein, was ich an diesem Tage dann auch tat. Diese passte wohl auch besser zu einem Mann als ein Wollengel.

So viele schöne Zeichen der Synchronizität und immer war ein ENGEL anwesend. Danke an meine lichtvolle geistige Führung und an all die ENGEL, die immer um uns herum sind und uns dienen, auch wenn das viele Menschen noch nicht so klar erkennen können :-).

In Liebe...
Eure MERLE ♥

25. TAROT-Karte „Die Liebenden"

Ich bin gerade dabei jemandem einen **Kommentar** zu schreiben und wollte die Abkürzung für **LICHT & LIEBE** schreiben, also **L&L**. Da muss ich wohl aus Versehen und rein zufällig auf die Groß-/Kleinschreibtaste gekommen sein und dann erschien eben I 6 I *(kleines L)* oder wenn man nicht richtig hinschaut bzw. noch einen anderen Blickwinkel einnimmt eben auch die Zahlenfolge **161**.

So, damit kann nun kein anderer außer mir selbst etwas anfangen, logisch. Dann will ich Euch mal meine Impulse/Assoziationen dazu etwas genauer erklären.

Vor kurzem habe ich aus irgendeinem Zusammenhang und weil ich mir meiner Gedanken bzw. Gefühle mal wieder nicht ganz sicher war, **DREI Tarot-Karten** für diese Situation gezogen, für die **Vergangenheit, Gegenwart** und **Zukunft.**

Die **letzte Karte** war **entscheidend,** obschon die ersten beiden auch schon völlig ins Schwarze getroffen hatten. Als **Zukunft** deutende Karte, welche die nahestehende Zukunft behandelt, erschien die Tarot-Karte **sechs -„Die Liebenden".**

Nun könnte jeder bei den **„Liebenden"** denken, es handle sich ausschließlich um die **Liebe** - eben **geben** oder **empfangen.** Aber, da man ja die Frage immer mit einbeziehen muss bzw. die Karte bezüglich der jeweiligen Frage in Beziehung setzen muss, kam eben auch etwas ganz anderes noch heraus, der spirituelle Hintergrund dieser Angelegenheit sozusagen. Dazu muss man sich die Tarot-Karte genau anschauen und rein intuitiv deuten.

ZWEI ENGEL sind auf der Karte zu sehen, wo der eine für die **Gefühle** und der andere für die **Vernunft** steht; man sich also in naher Zukunft zwischen Kopf oder Bauch **entscheiden** muss.

Es geht also um eine **Entscheidungsfrage** bzw. **Prüfung** oder anders ausgedrückt, man sich emotional oder rational für das Herz *(Gefühle/Intuition)* entscheiden muss und GEGEN den Kopf *(Verstand)* oder auch umgekehrt eine Entscheidung fällen muss oder auch zu dieser Entscheidung kommen wird. Und genau so ist es nur einen Tag später passiert - ich musste mich entscheiden für oder gegen eine GRUPPE/ein gefährliches SPIEL!

Dann habe ich noch das **I-Ging** befragt, so zu sagen als doppelte Bestätigung, und um mein Ego auch ja zu 100% auszuschalten.

Das I-Ging, auch „Buch der Wandlungen oder Klassiker der Wandlungen genannt, ist kurz gesagt eine Sammlung von Strich- und Punktzeichen und dazugehörenden Sprüchen. Dazu gehören weiter eine Ausgangssituation, Wandel-Linien und eine Folgesituation, also was daraus entstehen würde.

__Ausgangssituation:__ Einunddreißig - Die Einwirkung und bedeutet, dass jemand auf mich Einfluss ausüben will, mich zu einer Handlung bewegen, anregen, werben will und auch ich durch innerem Ein-/Gleichklang leicht zu beeinflussen wäre (mit anderen Worten, dass ich durch Honig zum´s Maul schmieren, leicht zu manipulieren wäre).

Genau so war auch die **Ausgangssituation!** Ich durchschaute schnell, dass mich jemand zu **manipulieren** versuchte!

Als nächstes kommen im I-Ging die **Wandel-Linien.** Selbst diejenigen, die jetzt davon überhaupt nichts verstehen worüber ich hier eigentlich rede, werden schnell und deutlich erkennen, dass es sich um Energien handelt, die man entweder tun oder lassen soll, in diesem Fall also in irgendeiner Sache **passiv** *(Yin)* oder **aktiv** *(Yang)* werden soll.

Aus Gründen der Unwichtigkeit an dieser Stelle hier nur die Kurzbeschreibungen zu den Wandel-Linien:

__Erste Wandlungslinie__ - Drittes Chakra - passiv sein in Bezug auf: individuelles Streben, Macht, Dominanz usw.

__Zweite Wandlungslinie__ - Viertes Chakra - passiv sein in Bezug auf: An-nehmen, EINHEIT.

Dritte Wandlungslinie - *Fünftes Chakra - passiv sein in Bezug auf: Selbstausdruck der Individualität, Spiritualität, Kommunikation usw.*

Vierte Wandlungslinie - *Sechstes Chakra - aktiv werden in Bezug auf: WEISHEIT, INTUITION, Erkenntnis des eigenen Weges.*

Folgesituation: Dreiundzwanzig - *Die* **Zersplitterung** *und be-deutet: - Trennung, Zerfall von Strukturen, Stagnation. Und jetzt kommt´s: Eine kopflastige Situation kommt zu Fall.* Selbst wenn ich nichts erklären würde, wäre spätestens hier jedem förmlich ins Gesicht gesprungen, dass diese Sache **kein gutes Ende nimmt,** wenn ich daran festhalten würde. Genau fünf Minuten vorher hatte ich dieser Person/Gruppe meine Entscheidung mitgeteilt, dass ich nicht mitmachen werde! Nicht zu vergessen, dass es an diesem Tag ja auch um eine **Entscheidung** ging ;-).

Wer also nach Antworten sucht, der sollte sich vielleicht auch irgendwann einmal zum Einstieg in die Kommunikation mit der geistigen Welt ein Lenormand-Kartendeck oder andere TAROT-Karten anschaffen. Ich kann es nur jedem empfehlen. Auch das I-Ging, wie Ihr sehen konntet, kann gute Antworten auf Eure Fragen liefern. Macht Euch dann eigene Notizen zu Euren Karten und irgendwann lest auch Ihr die Karten intuitiv und bekommt so Klarheit in Eure Angelegenheiten.

In diesem Sinne…
Eure Merle ♥

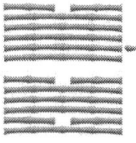

Quelle Foto: www.wahrheitskugel.de/orakel/iging.html

Gehört nicht zu meiner I-Ging Legung.

26. Sepia Tintenfisch – Lotta und ihr Sohn

Gestern saß ich mit einer Freundin Lotta in meinem Arbeitszimmer und fragte sie auf einmal, wie es denn mit **Nachwuchs bei ihrem Sohn** aussehen würde. Keine Ahnung wie ich so plötzlich darauf kam.

Während dessen schaute ich in meine **Kristallkugel** (die ich etwas entfernt von meinem Tischchen stehen hatte). Immer mal wieder schaute ich hinein. Aber es sollte **so nicht** sein.

Also, während wir uns unterhielten und ich in diese Kugel schaute, entdeckte ich plötzlich so was wie ein **Symbol**. Es sah im ersten Moment so aus wie ein Pfeil nach oben und dann auch wieder nicht. Der Pfeil war sehr geschwungen - oben wie nach außen geschwungene Arme und unten eben spitz nach unten zusammenlaufend. Auf jeden Fall wusste ich, dass es etwas zu bedeuten hatte. Ich sagte ihr das und dass ich so eher keine Pfeile malen würde.

Ich hatte mir vor kurzem ein neues Kartendeck gekauft, und zwar *„Das schamanische Glücksorakel"* von Monnica Hackl. Ich erinnerte mich daran und schaute im Buch nach, ob vielleicht dieses Symbol auch unter ihren Schilden (so nennt sie die Symbole der Schamanen) zu finden wäre. Aber leider fand ich dort nichts.

Schließlich malte ich ihr das Symbol auf, damit sie mal schauen konnte und ich hoffte, dass sie dazu vielleicht irgendeine **Assoziation** hätte. Ich sagte dann zu ihr: „Schau selbst, was es DIR zu sagen hat; es geht um DEINE Familie oder der DEINER Kinder, über die wir hier sprechen - es ist DEIN **Clan**.

Auch **diese Wortwahl** ist **NICHT** die **MEINE**. Ich habe noch nie zuvor von einem Clan als Familie gesprochen. Meine Freundin sagte plötzlich: „Es sieht so aus wie ein **Tintenfisch** mit **Fangarmen.** Ok, dachte ich, mit etwas Phantasie und lediglich als **Symbolwirkung** könnte es auch wirklich wie ein Tintenfisch aussehen. Ich fühlte auf einmal, dass es **nicht** an der Schwiegertochter und anscheinend **eher** an **ihrem Sohn** zu liegen schien, dass sich bei ihm und seiner Frau kein Nachwuchs ankündigte.

Dies **bestätigte** mir dann auch noch **meine Freundin** mit den Worten, dass sie auch dieses Gefühl hätte, und ihrem Sohn aus diesem Grunde vor längerer Zeit schon einmal ein homöopathisches Mittelchen empfohlen und er dieses wohl zu früh abgesetzt hätte.

Dazu muss ich vielleicht noch erwähnen, dass **meine Freundin Homöopathin** ist. Plötzlich erschien in der Kugel noch eine **Aura um diesen Pfeil herum,** so wie ein **Oval** und ein **Buchstabe.** Es war ein „S".

Wieder hatte ich darauf **keine** Antwort und fragte wieder bei ihr nach, ob ihr dazu vielleicht etwas einfallen würde. Jetzt wurde es richtig spannend und sie wurde richtig euphorisch und rief auf einmal: *„Es ist der **Tintenfisch**, und der fängt auf lateinisch mit dem Buchstaben „S" an, das **Homöopathische Mittel**, was ich meinem Sohn vor längerer Zeit empfohlen hatte heißt: **Sepia**. Vielleicht sollte mein Sohn dieses Sepia doch weiter einnehmen."*

Wie schon erwähnt ist meine Freundin ja Homöopathin und kennt sich damit bestens aus. Um aber auf Nummer Sicher zu gehen, googelten wir gleich den Tintenfisch und bingo, es war der **Sepia**. Wir bekamen beide Gänsehaut und wussten spontan, dass das was ich dort sah, ein s.g. „Schild" war, was ich „gehoben" hatte, wie es die Schamanen nennen. Das **Schild** war nun komplett: Ein **Oval** mit einem **Tintenfisch** *(Symbol)* mit dem **Buchstaben S** auf seinem Rücken.

Aber das Beste kommt erst noch. Ich bat sie mal vor langer Zeit, wenn sie mich mal besuchen käme, sollte sie mir einen **Stein** von ihrem **neuen Zuhause** *(sie ist vor zwei Jahren weggezogen)* aus ihrem Vorgarten mitbringen. Keine Ahnung warum ich das damals wollte. Jetzt weiß ich es.

Sie erinnerte sich tatsächlich an meinen Wunsch, mir einen Stein von sich zu Hause mitzubringen und so brachte sie mir eben einen Stein mit. Ich schaute mir ihren Stein ganz genau an und wollte darin etwas erkennen, seine Seele. Erst konnte ich darin nichts sehen und sagte auch gleich zu ihr, dass ich darüber erst meditieren und ihn mir auch etwas länger und genauer betrachten müsste.

Heute nun, nach dem Frühstücken, sah ich mir diesen Stein genauer an, und was soll ich Euch sagen, ich sah ein **Baby**, dass **am Daumen nuckelte**. Das war natürlich nur als **Metapher** und als **Symbol** zu verstehen. Das war mir schon klar. Dennoch standen mir die Tränen in den Augen. So schön, so versteckt es auch war *(denn erst sah ich nur ein großes Gesicht - aber darin versteckt war das Babygesicht)* und doch deutlich genug, wenn man genauer hinsah, dass man es ganz sicher nun als Babygesicht erkennen konnte.

Jetzt wurde mir noch einmal bewusst, dass dieses **Schild** wirklich eine **BOTSCHAFT** für die **Kinder meiner Freundin** beinhaltete und sie auch Recht damit behalten sollte, dass dieses homöopathische Mittel wirklich ihrer Schwiegertochter helfen **könnte**, **schwanger** zu **werden**.

Wenn das stimmt und wirklich jetzt so eintritt, dann war auch dies wieder ein Hinweis auf meine Gabe, die sich so nun allmählich auch weiterentwickelt. Ich weiß nun auch, dass MEINE Art, wie ich hinter die Dinge komme, nämlich auf meine Impulse/meine Innere Führung zu achten, stimmig ist und genau so auch weiter machen soll, denn ich wusste ja auch nicht, warum ich mir auf einmal die **Schilder** von **Frau Hackl** anschauen sollte. Nur so bin ich ja erst dahinter gekommen, dass es sich um ein schamanisches **Schild** handeln musste. Selbst auf die Gefahr hin, dass es kein s.g. SCHILD war, so wie Frau Hackl die Schilder in der Meditation für die Menschen hebt, war es dennoch ein **ZEICHEN**, eine BOTSCHAFT allemal für meine Freundin bzw. ihre Kinder.

DANKE an meine Innere Führung und Erzengel Gabriel.

Licht und Liebe...
Eure Merle ♥

Nachsatz:
Am Ende war es dann doch etwas anders und das Baby- oder Kindergesicht nur als Hinweis darauf, dass ihr Sohn bald ein Kind haben würde, zwar nicht von seiner Frau, weil sie sich später

trennten, dafür aber brachte seine neue Freundin ein eigenes Kind schon mit.

Ja, nicht immer ist alles so klar und deutlich und manchmal ist es auch ganz anders. Man muss ganz genau seiner Inneren Stimme lauschen und sich auch Zeit und Muße dafür nehmen. Vielleicht war ich einfach nur zu euphorisch in diesem Moment und auch mein Wunschdenken spielte da mit rein.

Fakt ist aber, dass meine Freundin jetzt eine Enkeltochter hat, die sie sich schon so lange gewünscht hatte und ihr Sohn ein Kind, egal ob nun sein eigenes oder ein angenommenes.

27. Symbol - Kreis im Quadrat auf meinem PC

Vollkommenheit, die **Übereinstimmung** von **Materiellem** und **Ideellem**, oder auch die **Einheit** von **Körper** und **Geist**.

Kreis = das Weibliche, das Mütterliche, die Seele und das Gefühl, die Unendlichkeit und der ewige Fluss des Lebens

Quadrat = die Erde und der Körper

*„Der **Kreis** stellt das archetypische Traumsymbol des **Weiblichen** dar. Der aus "Tausendundeine Nacht" bekannte Abbassiden-Herrscher, der Kalif Harun al Raschid war sich schon dessen bewusst,   als er Bagdad im Kreis anlegen ließ mit der Begründung, dass   diese Stadt die Mutter aller Städte werden solle, indem sie wie   keine andere durch ihre Kreisform mütterliche Geborgenheit vermittelt. Dass das Runde und Kreisförmige das Weibliche symbolisiert, ist von der Körperform der Frau abgeleitet. Freud war der Ansicht, dass sich alle Symbolik letztendlich auf die anatomischen Verhältnisse des menschlichen Körpers zurückführen lassen. Ferner symbolisiert seit alten Zeiten bis hin zu der Künstlergruppe des Bauhauses (Dessau/Berlin/Leipzig) der Kreis die Seele und das Gefühl. Das ist schon von daher verständlich, da der Kreis weder Anfang noch Ende besitzt. Somit deutet er auch auf die **Unendlichkeit** hin und damit auf den **ewigen Fluss des Lebens**. Sehen Sie z.B. im Traum einen runden Platz, so sind alle Vorgänge, die sich dort abspielen, und alle Symbole, die Sie dort im Traum sehen und des Flusses der Lebensenergie zu betrachten."*

*„Das **Quadrat** tritt relativ häufig im Traum auf, allerdings übersehen wir es häufig, da wir normalerweise nicht gewohnt sind, auf geometrische Formen im Traum zu achten. Seit dem griechischen Philosophen Platon symbolisiert das **Quadrat** die **Erde** und somit auch den **Körper**. Die vier rechten Winkel des Quadrats geben das Statische und Feste der **Erde** wieder."*

Quelle: *www.traumdeuter.ch/texte/2059.htm*

28. Opal herausgefallen – Feedback von Sandra

Sandra war eine Facebook-Freundin. Zu dieser Zeit hatte sie Probleme mit Freunden und ich half ihr ihre ZEICHEN und Träume sehr ausführlich zu deuten. Aus einem Grund, der hier nichts zur Sache tut, hatte ich mich allerdings wieder von ihr gelöst gehabt, was sie allerdings irgendwie zu ignorieren schien.

Sandra schrieb mir dann aber nochmal einen Post *(so nennt man die Mails in Facebook)*:

„Huhu liebes Schwesterchen, ich nutze mal schnell noch die paar Minuten Zeit, die ich habe, um Dir wenigstens ein kleines Lebenszeichen von mir zu geben :-). Habe nämlich gerade an Dich gedacht, als ich einer Bekannten schrieb und da kam mir der Gedanke, Dir auch noch ein paar Zeilen zu schreiben :-).

Wow zur Zeit geht´s in meinen Träumen echt ab, besagte **Freundin** *betreffend. Kann mich zwar nicht mehr an irgendwelche Trauminhalte im Speziellen erinnern, da ich mir das nachts, wenn ich wachgeworden bin, nicht gleich notiert hab und am Morgen war´s dann auch wieder weg, aber es zeichnet sich* **viel Negatives** *darin ab, soviel weiß ich zumindest noch, weil ich es mir nach dem Aufwachen kurz schon grob gedeutet hab, bevor ich dann wieder eingeschlafen bin.*

Im Moment ist ein Kontakt zu ihr auch nicht wirklich vorhanden, muss ich sagen, weil es doch jedes mal darum geht, dass mir irgendwas abverlangt wird, was ich nicht zu tun oder zu geben bereit bin. Von daher halte ich mich lieber fern und komme so auch nicht mehr in die Position, mich nach einem Nein dafür anfeinden lassen zu müssen. Auf jeden Fall muss da noch eine klare Linie rein, aber im Moment ist es so schon mal gut.

Stell Dir mal vor, neulich abends saß ich in der Küche, da **fiel mir doch mein Opal aus dem Ring** *und landete direkt vor mir auf der Theke. Auch das wird seine Bedeutung haben zumal mir an diesem Tag meine "Freundin" begegnet und ziemlich auf dem Leim gegangen war, aber auch der Umstand, dass er mir nicht woanders raus gefallen und ganz verloren gegangen ist, will be-*

stimmt was heißen ;-) Na, jedenfalls habe ich ihn wieder geklebt den Stein, nur in der Eile anders herum (was vorher an den Silber-ausläufern mit dem kleinen Steinchen anlag, ist nun unten und umge-kehrt), der Stein an sich sitzt aber richtig herum in der Fassung und die Farben sind dadurch noch intensiver und schöner geworden, weil durch die Drehung des Steins der Lichteinfall nochmal ganz anders ist und auch an sich haben sich die Farben verändert und intensiviert :-) Sodele, nun muss ich mich erst einmal verabschie-den, hoffe, Du hattest einen guten Start in die Woche und vielleicht ließt man sich später noch :-) Alles Liebe, Sandra"

Nachtigall ick hör´ dir trapsen ;-). Jetzt wo sie nicht weiter kommt mit der Deutung für sie selber versucht sie es nun durch die Hin-tertür wieder bei mir. Menschen, die immer alles besser wissen, lasse ich dann auch gern in ihrem Glauben. So heißt es ja schon in der Bibel: *„Alles geschieht nach deinem Glauben."* Deswegen meine Energie weiter verschwenden kommt mir heute nicht mehr in den Sinn.

Kurz darauf schrieb ich meiner lieben Facebook-Freundin und Traumdeuter-Lehrerin, Elisabeth Große folgende Mail:

„Liebe Elisabeth, das muss ich Dir nun doch noch schreiben bzw. mit anhängen, und zwar hat sich meine besagte "Seelenschwes-ter" gerade gemeldet. Telepathie lass grüßen, würde ich da sagen. Sie tut so als wäre alles easy. Vielleicht ist es das für sie ja auch. Doch leider erkennt sie die ZEICHEN nicht wirklich.

*Eigentlich interessierte mich nicht mehr wirklich was sie wieder von ihrer Freundin zu berichten hatte. Aber dann wurde ich doch hellhörig. Wie Du vielleicht noch weißt, schrieb ich Dir erst kürzlich von **meinem Opal-Ring**, der entzwei brach.*

Und nun lies, was sie mir gerade schrieb, siehe oben. Das ist doch wohl der Hammer oder liebe Elisabeth? Sag selbst siehst Du nicht auch deutlich das ZEICHEN darin versteckt? Wie siehst Du das liebe Elisabeth?

*Sie bringt diesen Umstand zwar wieder mit ihrer Freundin in Ver-bindung. Aber dabei **übersieht** sie MEIN Zeichen, was auch ihres* *ist, nur halt umgekehrt. Sie müsste es eigentlich nur auf unsere Situation beziehen.*

Weiter schreibt sie: "...zumal mir an diesem Tag meine "Freundin" begegne..." usw. (siehe Post von Sandra weiter oben)

„Na ganz sicher antworte ich nun nicht sofort wieder und in der ausführlichen Form wie sie es von mir gewohnt war (mitunter acht Seiten). Sie soll IHR ZEICHEN mal schön selber deuten. Liebe Elisabeth, wusstest Du, dass man alles was einem im Außen begegnet auch wie ein TRAUM deuten kann, denn so wie im Außen, so auch im Innen (Hermes Tresmegistos). Wenn Du diese Geschichte wie ein Traum deuten würdest, was würde er Dir dann sagen?

Jetzt bin ich gespannt wie ein Flitzebogen. Musst aber nicht gleich antworten. Ich lasse mir diesmal auch sehr viel Zeit ;-). Lieben Gruß Merle♥"

<u>Meine Gedanken dazu:</u>

MEIN Opal-Ring brach entzwei *und* **ihr Opal-Stein sprang heraus.**

In der Traumsymbolik prophezeit ein Opal **stilles Glück** und **Zufriedenheit**. Allerdings sollte man sich auch vor **Neid** seiner Mitmenschen hüten.

Da es ja ihr Traum war, würde ich es für Sandra so deuten:
Opal sprang heraus = Ich **löse** mich wieder aus unserer Verbindung , weil diese Verbindung zu lose und nicht stabil genug war. Im Grunde genommen war es auch wieder nur eine Einbahnstraße. Ich gab mal wieder mein Bestes, investierte viel Zeit und teilte mein Wissen mit ihr.

Auf Grund dessen, dass ich mal wieder zu viel gegeben hatte, brach mein Stein an dieser Last einfach entzwei. Ohne dieses deutliche ZEICHEN hätte ich ihr wohl weiter ihre Träume und ZEICHEN gedeutet.

29. Ein Schreibmedium was kein Schreibmedium war

Hallo meine Lieben, da der Tag wieder voller ZEICHEN und Fügungen war, möchte ich meine Erlebnisse gern wieder mit Euch teilen.

An meinem Geburtstag hatte ich Besuch von einer Bekannten, die ich ca. fünf Jahre nicht mehr gesehen hatte. Plötzlich, und wahrscheinlich auch zum rechten Zeitpunkt, rief sie mich an und ich lud sie zu meinem Geburtstag ein. Irgendwie fühlte ich gleich, dass das kein Zufall war. Wir unterhielten uns beim Kaffee und plötzlich erhielt ich den Impuls, sie nach ihrer **Arbeit** zu fragen, hatte aber gleichzeitig auch den Gedanken: **Geduld**.

Erst wusste ich nichts damit anzufangen, hielt mich aber dran, weil ich weiß, dass ich dann später immer noch einen weiteren Impuls bekomme, wann der richtige Zeitpunkt dafür gekommen ist, denn wenn man den falschen Zeitpunkt wählt und der Mensch noch nicht offen für die Wahrheit ist, dann wird er sich verschließen und so kommt man dann eben nicht zum Ziel. Auf der anderen Seite wollte ich ja nicht arbeiten an meinem Geburtstag ;-). Ich wollte mich nur nett unterhalten, mehr nicht. Aber erstens kommt es anders und zweitens?

Irgendwann zeigte ich ihr dann unser neues Haus und wir gingen schließlich nach oben in mein Büro. Ich erzählte ihr, was ich so alles mache und dass ich mich gerade auf einen Workshop in „Numerologie" und einen Vortrag über die ENGEL vorbereite. Sie sagte mir, dass sie auch ein Medium hätte, dem sie sehr vertrauen würde und dass ihre Aussagen immer zu 100% stimmen würden.
Da war der Zeitpunkt also gekommen, um sie auch nach ihrer Arbeit zu fragen. Ich dachte, sie arbeite nebenher als Schreibmedium. War mir aber nicht mehr ganz sicher. *Wozu braucht sie ein Medium, wenn sie selber eins war* In meinem Kopf schwirrten die merkwürdigsten Gedanken auf einmal herum. *Warum war ich so skeptisch? Traute ich ihr das nicht zu?* Fragen über Fragen.

Ich fragte sie also, was sie jetzt beruflich genau tun würde und sie erzählte mir nun auch, dass sie nebenher als **Schreibmedium** auf einer **Line** arbeiten würde.

Mein erster Gedanke war gleich: *„Ach du Schreck, auch gleich noch auf einer Line."* Mein Gefühl dazu war widersprüchlich, also frage ich noch einmal genauer nach, was sie ganz speziell dabei tun würde, als wäre die Erklärung Schreibmedium nicht schon deutlich genug gewesen.

Irgendwas in mir sagte wohl, dass ich etwas nicht richtig verstanden haben muss, denn ein Medium ist sie gewiss nicht. Auf der anderen Seite wollte ich es ihr gern glauben und bin so immer mehr hin und hergerissen gewesen. Schließlich sagte sie aber auch, dass sie noch etwas zweifeln würde.

Das war für mich das Stichwort, sie doch um einen kleinen Beweis zu bitten, denn aus eigener Erfahrung weiß ich, dass die geistige Welt immer sehr gern bereit ist, uns einen Beweis in Form von einem ZEICHEN zu schicken, weil sie wissen, dass wir Menschen diese Beweise oft noch brauchen. Ich für meinen Teil bekomme ja immer gleich DREI ZEICHEN, wie viele von Euch ja sicher nun auch wissen ;-).

Sie willigte ein, weil ja auch sie bereits Zweifel hegte. Ich sagte zu ihr, fragen wir meinen verstorbenen Vater, ob er ihr nicht eine Antwort auf eine meiner mental gestellten Fragen geben könnte. Gesagt, getan. Ich stellte also meinem Vater eine mentale Frage, worauf er ihr dann eine Antwort geben sollte.

Schließlich begann sie auf dem Blatt Papier **herum zu kritzeln.** Ich spürte in diesem Moment deutlich ihre niedrige Energie und die Antwort hatte sie sich auch eher an den Haaren herbeigezogen. Somit hatte auch sie nun den Beweis, dass sie diese GABE gar nicht hatte.

Ich sah ihr an und fühlte auch, dass sie sich schämte. Aber ich sagte ihr auch, dass sie das nicht müsse, denn sie hatte zwar aus niederen Beweggründen ein Schreibmedium sein wollen, allerdings mit der Absicht dadurch einerseits mehr Aufmerksamkeit und andererseits mehr Respekt zu bekommen, zumindest gab sie das vor. Der Hauptgrund war sicher ein ganz anderer, nämlich mit Minimalaufwand einen Maximalgewinn zu erzielen und das alles ohne jegliche Kenntnisse. Ihr niederer Selbstwert täuschte sie selbst darüber hinweg, dass sie diese Gabe hätte.

Ich verstand sie gut, denn auch ich habe s.g. Medien immer sehr bewundert, bis ich merkte, dass nur ganz wenige von ihnen wahrhaftige und ehrliche Medien waren. Darum heißt es ja auch so schön: *„Drum prüfet, wer sich ewig bindet."* Mit anderen Worten: *„Prüfe, bevor Du einem fremden Menschen Dein Herz ausschüttest und ihm mehr vertraust als Dir selbst."*

Aber das war noch nicht alles. Ich sagte ja, dass meine ENGEL mir für meine Klienten auch immer gleich den Beweis gratis mit dazu liefern. So auch dieses Mal. Als Erstes sagte ich zu ihr, dass sie auch mir nicht vertrauen solle, sondern selbst in sich gehen solle und prüfen, ob das Gesagte von mir Sinn für sie machen würde und sie damit in Resonanz gehen könne oder eben nicht.

Sie sagte dann ungefähr so was wie: ihr fiele ein Stein vom Herzen und sie würde sich auch nicht mehr bei der Line einwählen. Das fand ich klasse und bewundernswert. Man kann mal einen falschen Weg einschlagen, aber wenn man die Möglichkeit bekommt, wieder zurück auf den richtigen zu finden, dann sollte man die Chance auch ergreifen, wie ich finde.

Dann bekam ich den Impuls, sie solle eine **ENGELkarte** ziehen, was sie auch gerne tat. Ich hatte mir auch alle ENGEL nochmal einzeln im PC aufgeschrieben, mit all ihren Qualitäten und Fähigkeiten als auch mit ihren dazu gehörenden Verzerrungen, so dass ich meinen Klienten auch diese Informationen gleich raus kopieren und mitgeben konnte.
Hierbei wählte ich das Kartendeck *„Die Karten der 72 Engel - Träume - Zeichen – Meditationen"* von Kaja und Christiane Muller.

Denn viele von Euch wissen ja, dass ich immer auch persönliches Handwerkszeug mit an die Hand gebe, um später dann selbstständig zu handeln und nicht von mir abhängig zu sein ;-).

Mit diesem ENGEL sollte sie dann fünf Tage lang arbeiten und ihn in dieser Zeit auch öfter mal anrufen und entweder die entsprechenden Qualitäten und Fähigkeiten entwickeln oder aber eine ihrer Verzerrungen läutern, also das Schlechte umwandeln/ausbessern.

Sie hatte nun ihre Karte gezogen und bekam ihr zweites ZEI-CHEN, und zwar stand unter den jeweiligen Situationen, die uns passieren, wenn wir die **negative Seite** mehr ausleben sollten, dass es zu **Knie**-Problemen kommen würde. Bingo, die hatte sie und zwar heftig. Also sagte ich ihr, dass es auch um **Demut** ginge, denn **Knie**-Probleme stehen in erster Linie für Demut. Alles was zu diesen ENGEL-Energien gehörte konnte sie genau so unterschreiben.

So nun kommt´s aber. Ich wollte ihr gerade den dazugehörenden ENGEL-Text ausdrucken. *Und bei zweiundsiebzig ENGEL-Energien ist es sehr unwahrscheinlich, dass man ausgerechnet auf diesen ENGEL gleich zweimal trifft oder?*

Ich hatte „zufällig" noch mein ENGEL-Dokument aufgeschlagen, weil ich immer mal wieder für jemandem seine drei Schutzengel berechne und um nicht ständig dieses Dokument wieder aufrufen zu müssen, lasse ich es gleich im Hintergrund geöffnet. Das erklärt auch, warum ich gerade auf diesen ENGEL stieß. Es war aber so. Genau dieser ENGEL, den sie gezogen hatte, erschien noch einmal. So etwas nennt man „**Synchronizität**" und bei jedem wirkt dieser Hinweis dann fast wie eine Erleuchtung. Zumindest zweifelt dann niemand mehr, dass er genau diese Karte/diesen ENGEL ziehen „sollte"!

Sie bekam Gänsehaut, war freudig erregt und hatte das Gefühl, sie wäre irgendwie umgekrempelt worden – so ihre Worte. Sie war überglücklich und wusste jetzt, warum sie all ihre Probleme hatte.

Dann bekam ich den Impuls, sie zwei weitere Karten ziehen zu lassen,und zwar, eine Seelen-Karte und eine TAROT-Karte. Diese beiden Karten zeigten ihr dann, wie es weitergehen würde, und auch das passte genau zu der vorher gezogenen und erläuterten Karte. Sie arbeitet, um Geld zu verdienen in einer Tankstelle rund um die Uhr und das ist natürlich nicht ihr Weg, und genau so stand es auch in der Seelen-Karte.

Die TAROT-Karte zeigte ihr schließlich den Weg raus aus ihrem Dilemma und somit hatte sie nun alles an Informationen was sie brauchte, um ihr Ruder wieder herum zu reißen bzw. zu verstehen, dass ihre Seele schon länger anklopft und ihr mitteilen möchte, dass sie mit dem was sie gerade macht auf dem Holzweg ist.

Instinktiv hatte sie das auch schon gewusst, aber sich selbst nicht genügend vertraut. Erst wenn das **Innen** *(ihre Intuition)* und das **Außen** *(ZEICHEN, Krankheitsbilder)* **dieselbe Sprache** sprechen, so zu sagen synchron dasselbe sprechen, dann sind wir wieder auf dem richtigen Weg.

Die Intuition sagt zum Beispiel: *„Hier auf dieser Arbeitsstelle wirst du nicht glücklich, hier musst du wieder weg, das ist nichts für dich. Höre auf mich oder du „stolperst", verletzt dich, verunglückst und fällst auf deine Knie usw.".*

Und wenn dann dein Körper ebenfalls sagt: "Das passt nicht zu mir, ich werde krank, unzufrieden, unglücklich, bekomme Depressionen usw., dann solltest Du auch handeln.

Die geistige Welt fragt sich dann nämlich auch, wie viele ZEICHEN braucht ein Mensch denn noch, um sein Leben endlich zu ändern. Und so wie wir es wollen, bekommen wir es auch, denn wir haben ja den freien Willen und immer die Wahl.

Wollen wir da oder dort bleiben, obwohl es uns nicht gefällt, dann müssen wir eben auch die unangenehmen Dinge in Kauf nehmen, bis wir endlich kapieren, dass wir auf dem falschen Dampfer sind. Unsere Seele wird sich immer bemerkbar machen, nur wir müssen auch endlich lernen, auf sie zu hören ;-).

Es ist aber nicht immer so einfach wie es scheint. Diese junge Frau ist alleinerziehende Mama und hat noch einen pubertären Sohn zu Hause für den sie auch noch zu sogen hat.

Was macht sie, wenn sie die Arbeitsstelle verliert? Wie geht es weiter? Sie hat wirklich sehr wenig Geld. Die Scheidung ist gerade gut überstanden und auch da gibt es noch viel aufzuarbeiten, und dann noch einen Arbeitswechsel? Gerade jetzt? Das wäre schon hart.

Also habe ich ihr geraten, doch erst einmal nicht die Pferde scheu zu machen und ihre ENGEL um eine glückliche Fügung zu bitten.

Bewerbungen laufen bereits. Jetzt heißt es erst einmal abwarten und wenn sich eine Chance bietet dann soll sie zuschlagen. Natürlich sollte sie auch in dieser Zeit auf ihre ZEICHEN besonders achten.

Das einzige Schlüsselwort was mir dazu allerdings noch einfiel ist: **GOTT-Vertrauen** haben und an einen glücklichen Ausgang **glauben**, ihn sich genau so vorstellen, so als hätte man schon einen neuen Job, der einem gefällt und Freude bereitet, denn GOTT sorgt gut für jeden von uns, wenn wir uns auf ihn einlassen, wenn wir loslassen und am Ball bleiben. Wer **Mangel**-Gedanken hat, wird **Mangel** ernten. Wer an sich glaubt, der wird belohnt werden! Tschakka...;-)

Aber das ist immer leichter gesagt, wenn man sich in einer gesicherten Position befindet. Allerdings kann ich aus eigener Erfahrung sagen, dass ich schon des öfteren ins kalte Wasser geschmissen wurde und mich immer wieder neuen Arbeitsgebieten stellen musste. Eine Versetzung meines Mannes zu einem neuen Standort bedeutete für mich auch immer eine neue Arbeitsstelle, neue Kollegen und und und.

Nur auf einer Arbeitsstelle habe ich etwas länger ausgeharrt als ich eigentlich wollte. Aber auch das musste ich wohl erleben, um jetzt darüber schreiben zu können, vor allem aber habe ich dadurch gelernt, mich immer wieder neuen Gegebenheiten anzupassen. Das gehört wohl auch zur numerologischen Zahlenenergie einer Siebener-Persönlichkeit dazu ;-).

Als sich meine Bekannte dann verabschiedete, sagte sie voller Freude zu mir: „Ich möchte dir aber auch etwas geben, weil ich endlich weiß, was ich falsch gemacht habe und warum mir das alles widerfahren musste.

Das erlebe ich ganz oft. Ausgerechnet die Ärmsten, die wirklich jeden Cent dreimal umdrehen müssen, dass eben die gerne und von Herzen bereit sind auch einen Energieausgleich zu geben.

Aber das die auch viel zurück bekommen, denn ihr hat ein junger Mann aus ihrem Dorf ein Auto fast geschenkt, nur weil er sah, dass sie immer mit dem Rad einkaufen fahren musste und dann voll bepackt nach Hause fuhr. Was für ein Segen. Die geistige Welt übersieht nichts ;-). Wer gibt bekommt auch zurück – das ist das Gesetz von Ursache und Wirkung :-).

Aber es geht noch weiter. Ich hoffe, ich langweile Euch nicht. Aber Ihr dürft ja selbst entscheiden, ob Euch die Geschichte weiter interessiert oder eher langweilt ;-). *Aber wenn die Geschichte weiter geht, muss ja auch noch was Interessantes kommen oder?* Also bleibt weiter schön aufmerksam :-).

Also, als diese Frau nun wieder weg war, fragte ich mich natürlich sofort, was das für mich zu bedeuten hatte oder mit mir zu tun hatte, denn so wie sich die Dinge zeigten, mussten sie auch mit mir zu tun haben.

Sie arbeitete als Schreibmedium, ist aber keines.

Was hat das nun mit mir zu tun? Soll ich etwa als Schreibmedium arbeiten? Immerhin habe ich mich immer gefragt, warum ausgerechnet ich Sekretärin gelernt hatte und nun *so flott schreiben* kann. Für irgendwas muss das doch gut gewesen sein. *Also wofür soll mir das nützlich sein?*

Also bat ich wieder um ein ZEICHEN für mich. Ich war etwas müde und hatte noch eine Stunde Zeit bis die nächste Freundin mit ihrem Mann eintreffen sollte. Also machte ich mir etwas den Fernseher an um noch ein wenig zu entspannen. Ich sah mir eine Dokumentation über Kuba an und stellte vorher also nochmal laut und deutlich meine Frage an die geistige Welt, ungefähr so: *Also, meine lieben ENGEL, ich bitte Euch um ein **klares ZEICHEN**, wenn **ich** als **Schreibmedium** arbeiten soll.*

Ich hatte den Gedanken noch gar nicht ganz ausgesprochen, da ging es auf einmal nur noch um den **Schriftsteller** Ernest Hemmingway. Ich horchte gleich auf, aber das ZEICHEN reichte mir noch nicht aus. Dass ich Schreiben konnte, wusste ich ja schon und das habe ich ja auch aus einem früheren Leben schon mit in dieses gebracht. Aber „freies" Schreiben oder Schreib-Medium ist dann noch mal eine ganz andere Hausnummer.

Also bat ich noch einmal um ein noch deutlicheres ZEICHEN, was ich wenig später auch bekam. Zuvor schrieb ich nun aber meine Frage auf einen Zettel, um mir selbst und meinen Freunden auch zu beweisen, dass ich wirklich um dieses ZEICHEN gebeten hatte. Hinterher kann man ja bekanntlich immer viel erzählen ;-). Mein Ego hatte ich also ausgeschaltet und war nun aufmerksamer denn je.

Zuvor sollte ich vielleicht noch zum besseren Verständnis sagen, dass ich mich gerade jetzt mit dem **hebräischen** Alphabet beschäftige und dazu auch das Buch: *„Das Alphabeth GOTTES"* nach zehn Jahren mal wieder vor geholt hatte. Ich habe eben gerade extra nochmal in meinem Amazon-Konto nachgeschaut, wann ich dieses Buch bestellt hatte.

Ich habe es damals aber erst einmal wieder weggelegt, weil es mir wie Chinesisch rückwärts vorkam und ich keinen blassen Schimmer von dem was dort geschrieben stand, verstand. Genau zehn Jahre später sollte es dann also passen und meine Neugierde war geweckt. Durch den Umzug konnte ich das Buch aber nicht gleich finden.

Also **bat** ich **EE Chamuel mir dabei zu helfen,** was er auch tat und ich fand es schließlich mit seiner Hilfe zwischen zwei Ordnern, also wirklich schön versteckt. So einfach hätte ich das wohl sonst nicht gefunden und wohl auch immer wieder übersehen. Es war eher nur ein dünnes A-Heft. Mein erster Gedanke war: „Na dann ist die Zeit noch nicht reif." Aber da ich es dann doch finden sollte, musste es noch eine Bedeutung haben.

Ja, und dann erinnerte ich mich an das Buch mit den hebräischen Buchstaben und erkannte, dass ich zuerst dieses lesen müsse, um das Alphabeth GOTTES dann auch verstehen zu können. Das machte Sinn für mich. Also legte ich es vorerst noch einmal zur Seite. Schaue aber ab und zu schon mal mit rein ;-).

Jetzt kann´s weiter gehen. Am nächsten Tag kam dann meine Familie zur Geburtstagsfeier und meine beiden Enkeltöchter schenkten mir ein s.g. **Fahnenbanner mit einem Schriftzug** darauf. Nun dürft Ihr raten, in welcher Schriftart... Natürlich in **hebrä-**

isch. Auf diesem Fahnenbanner stand in **hebräischer** Schrift: „**Schalom**", also **Frieden**.

Ich bekam eine riesige Gänsepelle. *War das mein ZEICHEN? Sollte ich erst dieses Buch und somit die Schöpfung genau verstehen lernen, um dann auch das Geschriebene (als Schreibmedium) besser zu verstehen?*

Es war für mich immer noch nicht klar genug. Also musste in alt bekannter Manier noch ein **drittes ZEICHEN** her. War ja mal wieder typisch für mich und ich erhielt es auch prompt und dieses Mal ganz deutlich und klar. Ich korrigierte vor ein paar Tagen **meine Geschichte** von „der **Weißen Rose** und **dem Tod meines Vaters**"*(drittes ZEICHEN in diesem Buch)* als eines meiner ZEICHEN für mein Buch auf.

Darunter antwortete **Monika** folgendes: *„...Mein **Opa** ist seitdem einer meiner **Engel** und er **hilft** mir mit 'schreiben'! Das hat er schon zu Lebzeiten gerne getan, und er war ein echter Witzbold! Manchmal wenn ich was schreibe und es hinterher lese denke ich: 'Aha, Opa war mal wieder behilflich', weil ich wundere mich echt wo 'das gerade herkam'?"*

Monika war heute also **mein drittes ZEICHEN**. Wichtig war ja nur, dass irgendwas übers Schreiben in ihrer Botschaft enthalten war. Klasse und danke für die "versteckte" Botschaft. Ich bin jetzt richtig geplättet, und zwar bat ich ja um ein **ZEICHEN**, *ob ich als **Schreib-Medium** tätig werden soll.*
Das **erste Zeichen** war ein **Dokumentarfilm** im Fernsehen als eine Sendung über Cuba lief und es auf einmal um den **Schriftsteller Ernest Hemmingway** ging. Dies erkannte ich zwar als ZEICHEN, aber das **reichte mir noch nicht,** weil **Schreiben** kann ich ja schon aus einem früheren Leben und auch in diesem Leben fällt es mir sehr leicht, mich auf Papier und auch sonst wie auszudrücken. Ich wollte es aber genauer wissen und bat also um ein noch deutlicheres zweites ZEICHEN, in dessen Botschaft wirklich das Schreiben als Medium in irgendeiner Art und Weise zum Ausdruck kommt.

Gerade als ich das nun genau so aufgeschrieben hatte, sehe ich plötzlich einen **Doppelkreis auf meinem Geschriebe-**

nen/Getippten mitten über dem Text. Gleich darauf war der Doppelkreis   wieder weg. Ich weiß noch nicht wirklich was es bedeutet. Aber   ich habe eine **kleine Vorahnung.** Auch mir geht es öfter so wie Monika, dass ich in dem Moment dann auch manchmal nicht weiß, woher dieser geistige Erguss gerade kam.

Auch meinen Klienten und Freunden ist das schon aufgefallen, dass ich oft „verrückte" oder "versteckte" Botschaften für sie bekomme, und sie hören mir immer sehr aufmerksam zu, denn manchmal weiß ich auch nicht, warum ich gerade dieses oder jenes in diesem Moment sage/ausspreche. Für mein Gegenüber hatte es jedoch bisher immer Sinn gemacht. Nun werde ich mal in nächster Zeit etwas üben und testen, ob das "FREIE Schreiben" wirklich zu mir passt. Wenn JA, nehme ich meine neue Aufgabe natürlich sehr gerne an :-).

Hm, um das „freie Schreiben als Schreibmedium" ging es wohl weniger als viel eher um das **Schreiben** eines **Buches** als **Schriftstellerin.** Da hätte dann schon das erste ZEICHEN mit Ernest Hemmingway als Schriftsteller genügt :-).

Tja, so kann´s gehen, wenn man sich was anderes vorgestellt hatte ;-). Am Ende bin ich dann aber doch drauf gekommen und nur das alleine zählt. Ich wünsche auch Euch solch klare und schöne ZEICHEN.

Alles Liebe...und...Schalömsche :-)....
Eure Merle ♥

30. Feedback von dem Schreibmedium nach ihrem Besuch bei mir

Wie versprochen möchte ich nun mit freundlicher Genehmigung meiner Bekannten ihr Feedback mit Euch teilen. Hier beschreibt sie - wahrheitsgetreu - ihren Irrweg.

„Am 12. März habe ich bei Merle eine Sitzung, zwecks Deutung meiner Lebensaufgabe, besucht. Was soll ich sagen, mein Leben hat sich danach komplett gewandelt, natürlich zum Positiven. Man fragt sich, warum man das nicht eher gemacht hat. Ganz einfach, weil ALLES im Leben seinen rechten Zeitpunkt hat!

*Aber nun von Anfang an. Seit circa zwei Jahren berate ich Neben-beruflich auf drei Lines als Schreib-Medium. Dass ich ein **Schreib-Medium** sei, hat mir mal eine Beraterin (ebenfalls auf einer Line) gesagt.*

Irgendwie hatte ich immer ein ungutes Gefühl bei meinen Beratun-gen, und ich hatte Angst, meinen Ratsuchenden falsche Botschaf-ten zu vermitteln. Das Einkommen überstieg auch nie die vierzig Euro pro Monat. Das war schon ein Hinweis aus der geistigen Welt, dass ich den falschen Weg eingeschlagen habe. Zum dama-ligen Zeitpunkt habe ich das aber nicht als Hinweis verstanden.

Der zweite Hinweis war, dass ich vor meiner Haustür auf das rech-te Knie gefallen bin. Das war im Dezember, und ich hatte sehr große Schmerzen beim Kniebeugen. Es war keine Verbesserung in Sicht.
Nun zum besagten 12. März: Merle lies mich schon eine Woche vor unserem Termin eine Botschaft ihres Vaters channeln. Natür-lich hatte ich ihr falsche Botschaften übermittelt. Das gab mir noch mehr das Verlangen, endlich meiner wahren Bestimmung auf den Grund zu gehen.

*Merle deutete die **Knieverletzung** so: "Du bist auf dem **falschen** Weg!" Während dieser Sitzung hat sie meine Aura gereinigt, und ich habe währenddessen einen Sog nach oben gespürt. Die ganze Last wurde von mir genommen.*

In diesem ergreifenden Moment verspürte ich eine unglaubliche, friedvolle Erleichterung. Ich kann es nur als " himmlisch " beschreiben.

Als wir zu meiner Lebensaufgabe gelangten, bekam ich mitgeteilt, dass es mit Schreiben zu tun hat, aber es war das Bücher-Schreiben! Was für eine Erkenntnis ! Mein Innerstes hat mir schon vor Jahren gesagt: "Schreib ein Buch!" Aber wer hört schon immer auf sein Bauchgefühl? Noch am selben Tag habe ich mich auf allen drei Lines als Beraterin abgemeldet.

Eine Woche später kam ein Anruf, mit dem ich, nach einem Jahr, nicht mehr gerechnet hätte. Ich darf nun nebenberuflich eine Tätigkeit ausüben, die meiner Kreativität und Leidenschaft entspricht. Diese Tätigkeit übe ich nur am Samstag oder Sonntag aus, und sie erfüllt mein Herz mit großer Freude. Mein Einkommen nimmt ebenfalls zu. Alles fließt. Danke Merle von S."

Meine Lieben, es ist nicht schlimm, Fehler zu begehen. Aber es ist schade, nicht auf seine eindeutigen ZEICHEN zu hören. Diese Frau hatte die einmalige Chance Ihr Karma nun sofort zu wandeln, nämlich indem sie Reue zeigte und sich ihre Fehler eingestanden hatte.

So konnten sich ihre zukünftigen Umstände auch schließlich in eine gute Richtung verändern. Die „falsche" Arbeitsstelle wurde so zu sagen beräumt und eine neue, bessere, für sie richtigere Arbeitsstelle konnte sich nun zeigen. Es ist wie in der Liebe – wenn wir zu lange mit den „falschen" Menschen *(obwohl es das ja auch nicht gibt – es ist ja immer der/die Richtige)* zusammen sind, dann können uns die Richtigen ja gar nicht finden, weil ja dieser Platz in unserem Herzen bereits besetzt ist. Erst wenn wir loslassen, kann Neues zu uns kommen und sich manifestieren. Anderenfalls fahren wir halt noch eine Runde in unserem Karma-Karussell ;-).
Shit happens ;-).

In diesem Sinne...
Eure Merle ♥

Fazit und mein „Violetter ENGEL"

„Es wird immer einen Grund geben, warum du Menschen triffst. Entweder brauchst du sie, um dein Leben zu ändern, oder du wirst der Mensch sein, welcher ihr Leben ändert."
<u>Verfasser:</u> unbekannt

Beginnt jetzt, Euch Euer Leben genauer anzuschauen. Legt Euch eine so genannte „Ego-Mappe" an und recherchiert alles, was Ihr über Euch finden könnt. Beginnt mit der **Numerologie** und erkundet welche Zahlen zu Euch gehören und Euch ausmachen - *Was ist bspw. Euer Lebensweg?* Erforscht welches Euer **Totemtier** und welches Euer momentanes **Krafttier** ist.

Macht weiter mit der **Onomantie** – Bedeutung Eurer einzelnen Buchstaben in Eurem Namen. Damit könnt Ihr sogar Eure Zukunft vorhersagen, denn das ist eine Wahrsage-Methode, auch „Mantik" genannt, welche aus dem Zahlenwert der Namensbuchstaben erstellt wird. In **meiner Onomantie** stehen beispielsweise **fast alle Fragewörter**. Kein Wunder bei einer numerologischen siebener Persönlichkeit, wo es vordringlich um Wissen und Weisheit geht, ums **Lehren** und **Lernen**. Selbst mein Geburtsfluss ist in meiner Onomantie enthalten – Görlitz an der Neiße.

Ihr nehmt dazu einfach alle Namen, die zu Euch gehören. In meinem Fall habe ich auch Merle dafür herangezogen. Ihr könnt Euren Mädchennamen zuerst betrachten, wenn Ihr eine Frau seid und dann Euren heutigen Namen, wenn Ihr verheiratet seid. Ihr werdet staunen, was Euch allein schon dadurch alles über Euch erfahren könnt und wohin Euch Euer Weg führen wird.
Schaut nach, welches Totemtier zu Euch gehört. Wer seid Ihr im Chinesischen und was im Indianischen. Mein Geburts-Totem ist bspw. der **Wolf**. Im Chinesischen bin ich ein **Hund** *(der beste Freund des Menschen)* und im Indianischen ist mein Tier-Totem der **Puma**.

Lasst Euch ein **Horoskop**, eine **Berufsanalyse** und ein **Gesundheits-Horoskop** erstellen und und und. Bei der Berufsanalyse erfahrt Ihr auch Eure berühmten Vorbilder. Zu **meinen Vorbildern** gehört beispielsweise **Albert Einstein**. Spätestens hier wusste ich, warum ich so viel lerne und so wissbegierig bin, und dass dies wirklich MEIN Weg ist, nämlich **lernen** und **lehren**;-).

Anhand dieser ganzen Puzzleteilchen erkennt Ihr Euch wieder und könnt Euren ureigenen Weg gehen und Ihr werdet vor allem damit auch Erfolg haben. Ihr braucht keine unnötigen Umwege mehr oder unglücklich und ohne Sinn durchs Leben gehen. Ab diesem Moment, wo auch Euch ein Lichtlein aufgeht wird sich Euer Leben vehement zum Positiven verändern. Das verspreche ich Euch.

Und als ich das hier gerade schreibe und mal in meiner Ego-Mappe wieder nachschaute fiel mir etwas sehr Schönes auf. Vor kurzem habe ich mir von einer Künstlerin ein Krafttier-Pendel bemalen lassen. Dazu gehörte auch eine Krafttier-Reise, wo sie für mich herausfand, wer mein momentanes Krafttier ist.

Es ist die **Fledermaus**.

Und gerade schaue ich auch nochmal in mein **chinesisches Horoskop** und sehe bei meinem vierten Pfad, dass in meinem Mondhaus auch schon die **Fledermaus** steht. Wow. Also will mich meine Fledermaus wieder daran erinnern, worum es momentan in meinem Leben geht, nämlich Licht ins Dunkle zu bringen und meiner Intuition zu vertrauen. Das ist ein würdiger Abschluss für meinen ersten Band und für mein erstes Buch überhaupt. Danke liebe Fledermaus. Nun wünsche ich Euch allen wunderschöne Erlebnisse. Habt Vertrauen und glaubt an Euch. Öffnet Euch für die Dinge hinter den Dingen, für die Dinge zwischen Himmel und Erde.

Das Leben ist schön, selbst wenn es mal nach unten geht. Umso mehr wisst Ihr dann wieder die schönen Dinge im Leben zu schätzen. Stellt Euch das Leben einfach wie eine Sinuskurve vor. Mal geht es hoch und mal nach unten. Aber vor allem: Nichts bleibt wie es ist, denn Leben ist ständige Veränderung. Diese Erkenntnis war immer ein großer Trost für mich in schweren Zeiten.

„Du kannst Dein Schicksal erst ändern, wenn Du es kennst."
Verfasser: Simone Merle Waese

Abschließend wollte ich ja gern noch wissen wie es mit meinem Buch weitergeht und habe aus dem Kartendeck "Shadows&Light Orakel" von Lucy Cavendish & Jasmine Becket-Griffith *(Silberschnur Verlag)* die **Karte dreiundzwanzig - Violetter Engel** – gezogen.
Seine Botschaft lautete: **"Ein neuer Morgen!"**

Zum **Violetten ENGEL**

Dieser wunderschöne ENGEL hat dort seinen Auftritt, wo etwas **Neues** am Horizont erscheint. Er hat die Färbung der **Morgendämmerung** und wartet nur, bis wir uns der wunderbaren neuen Möglichkeiten bewusst werden. Wenn er in Erscheinung tritt, dann stehen viele wunderbare **Zu-fälle, Ereignisse, Freundschaften** und **Veränderungen**, die wir uns *gewünscht* haben, auf der Liste der Möglichkeiten. Er möchte, dass wir uns der Chancen bewusst werden und uns auf den **neuen Segen *vorbereiten***, der *bald eintreffen* wird. Also aufgewacht!

Der **VIOLETTE ENGEL** spricht: *„In letzter Zeit hattest du manchmal das Gefühl, du hättest das Feuer von einst verloren und dein physischer Körper sei bis zur Erschöpfung müde. Es war eine lange, dunkle Seelennacht, doch jetzt bin ich hier, um dich wissen zu lassen, dass nicht nur das Schlimmste vorbei ist, sondern das Beste dir erst noch bevorsteht. Kurz bevor! Noch ist es schwach und sammelt Energie, aber bald wird mit diesem neuen Morgen auch deine Energie wieder kraftvoll fließen, und du wirst dich mit deiner inneren Kraftquelle wieder verbunden fühlen. Dein Geist wird aufblühen, und deine Intuition wird klar sein! Erwache ab jetzt früher, und bereite dich auf dein neues Projekt vor, indem du die frühen Morgenstunden draußen in der Natur verbringst."*

Botschaft: *„Nach einer schweren Zeit bricht sich mit frischer Hoffnung etwas Neues Bahn, und wir sehen bereits die Zeichen seines Nahens. Sie haben guten Grund zum Optimismus, denn etwas hat sich dauerhaft verändert. Sie stehen auf der Schwelle eines neuen Tages und dürfen die Ankunft von etwas Starkem und Strahlendem erwarten. Haben Sie Geduld, und treiben Sie es nicht zur Eile an – genießen Sie stattdessen diese zarte Geburt eines Tages, auf den Sie so lange gewartet haben. Dankbarkeit, Erwa-*

chen, früh aufstehen und neue Dinge ausprobieren stehen auf dem Plan, wenn der **VIOLETTE ENGEL** der **spirituellen Morgendämmerung** in Ihr Leben schwirrt."

In diesem Sinne....
Eure Merle ♥♥♥

Kontakt zur Autorin Simone Merle Waese

Ich helfe Euch gern als spiritueller Coach und Kartenlegerin persönlich oder telefonisch weiter.

Von mir bekommt Ihr Antworten, wenn Ihr mal selbst nicht weiter wisst. Aber auch bei Fragen zu Eurem Karma und auf die Frage warum gerade Euch diese oder jene Dinge JETZT oder sogar immer und immer wieder widerfahren.

Blog: simone-merles-art.blogspot.com

E-Mail: Merles-Magiewelt@web.de

Bei Fragen oder Buchungswünschen erreicht Ihr mich:

Montag bis Samstag in der Zeit von 10:00 bis 18:00 Uhr telefonisch unter 03634-692788 oder schickt mir einfach eine E-Mail.

Printed in Germany
by Amazon Distribution
GmbH, Leipzig